노인
스포츠
지도사

노인 스포츠 지도사

초 판 인 쇄 | 2022년 3월 25일
초 판 발 행 | 2022년 3월 30일

저　　　자 | 이현정
발　행　인 | 이웅현
발　행　처 | 부카
편집·디자인 | 부카
출 판 등 록 | 제25100-2017-000006호
본　　　사 | 대구광역시 달서구 문화회관길 165, 대구출판산업지원센터 408호
　　　　　　전화_ 053-423-1912 / 1577-1912　팩스_ 053-639-1912
경기사무실 | 경기도 용인시 기흥구 흥덕1로 101, 602호
　　　　　　이메일_ bookaa@hanmail.net

ⓒ ISBN 979-11-89045-26-5 (13690)
값 18,000원

- 이 책의 내용은 저작권법의 보호를 받는 저작물이므로 무단전재와 복제를 금합니다.
- 잘못 만들어진 책은 구입처에서 바꿔 드립니다.

노인스포츠지도사

실기 · 구술

- 레크리에이션 부문 -

부 카

머리말

우리나라는 세계에서 가장 빠르게 초고령사회로 진입 예정입니다. 빠른 경제성장과 발전으로 문화수준과 생활수준이 높아졌고 의학의 발달로 수명이 연장되어 평균 수명 백세시대에 도래하였습니다. 정책적으로도 노인 대상의 적절한 운동 프로그램 개발과 신체활동 능력을 향상시키는 프로그램을 필요로 합니다. 따라서 질병의 사전예방과 건강생활 유지 개선을 위한 삶의 질 향상을 위한 노력들이 다양한 형태로 나타나고 있습니다. 건강하게 잘 사는 것은 개인적 행복이자 국가적 복지비용 절감이라는 효과를 가져옵니다. 면에서 건강한 노년기 생활방식을 주도할 수 있는 맞춤형 전문가가 요구되며 그 중심에 〈노인 스포츠 지도사〉가 있습니다.

노인 스포츠 지도사는 일년에 한번 필기시험을 칠 수 있고 합격한 후 구술과 실기시험을 칠 수 있습니다. 그 관문을 거친 후에야 연수를 받고 현장 실습 후 자격증이 주어지는 시간과의 싸움이 필수인 국가공인자격증입니다.

노인 스포츠 지도사 시험은 필기시험과 실기 그리고 구술시험으로 구분되어 있습니다. 시중에서 필기시험 교재나 문제집은 시판이 되고 있지만 현재 구술을 다루는 교재가 없으므로 처음 도전하는 수험생에게는 막막하고 어려울 수 있습니다.

1차 필기 합격생들의 한결같은 질문들에 답하다 보니 몇 년이 흘렸습니다.

노인 스포츠 지도사 중 레크리에이션 종목에 대한 구술과 실기 지도서를 발간하여 열정적으로 임하는 노인 스포츠 지도사 레크리에이션 종목 수험생들에

머리말

게 도움을 주고자 하는 목적으로 구술 및 실기 편을 발간하게 되었습니다.

이 책의 예상문제는 몇 년간 구술과 실기시험에 참여한 수험생들의 기억과 현장체험을 바탕으로 재구성되었습니다.

구술과 실기시험을 준비하는 수험생들이 고민하는 영역을 최대한 수록하기 위해 몇 단락으로 나누다 보니 중요한 지문의 반복이 있습니다.

교재의 특징은 다음과 같습니다.

시험개요를 통하여 전반적 맥락을 파악한 후 4장, 5장에서 실기평가영역과 실기평가 예상문제를 다룹니다. 6장, 7장에서 구술평가영역과 구술평가 예상문제를 다룹니다. 8장에는 노인 스포츠 지도자가 되기위해 알아야 할 팁을, 9장 부록에서는 치매예방운동법, 노인스포츠 율동댄스, 노인스포츠 레크리에이션, 노인 건강운동을 다루었으며 일부는 유튜브로 시청할 수 있는 주소를 제공합니다.

일부 신설 및 개정된 관련법(령)들의 용어정리는 필수입니다. 이 법(령)들은 정지되어 있는 것이 아니라 사회의 요구나 변천에 따라 신설, 개정, 폐지의 과정을 거치며 계속 진화하므로 국가법령정보센터(https://www.law.go.kr)에서 변경된 부분을 참고하시기 바랍니다.

수험생 모두 합격의 영광을 바라며 앞으로도 본 책자가 노인스포츠시험의 지침이 될 수 있도록 최선을 다하겠습니다.

2022. 3.

다누리인재교육컨설팅 이현정

CONTENTS 노인 스포츠 지도사

머리말 ··· 4

1 노인 스포츠 지도사란 ·· 8

2 시험개요 ·· 8

3 노인스포츠 지도사의 전망 ··· 13

4 실기평가영역 ·· 14
   1) 실기평가 기준 ··· 14
   2) 실기평가 주의사항 및 참고사항 ·· 15
   3) 실기평가 MC기법 ·· 17

5 실기평가 내용 ·· 20
   1) 스팟 기법 ·· 21
   2) 댄스 ·· 23
   3) 게임 ·· 24
   4) 노래&율동 ·· 25

6 구술평가 내용 · 26
1) 구술평가 기준 · 26
2) 구술평가 주의사항 및 참고사항 · 27
3) 노인 스포츠 지도사의 자질 · 30

7 구술평가 예상문제 · 48

8 기본지식과 실전정보 · 59

9 부록 · 86
치매예방수칙 333 및 치매예방운동법 · 86
노인 스포츠 레크리에이션 · 97
노인 스포츠 율동 · 102
댄스 안무 따라하기 · 107
노인건강운동 요가 스트레칭 · 110
한국체육진흥법 · 116
국민체육진흥법 · 118

노인 스포츠 지도사란

건강한 100세를 준비하는 노령화시대 유망자격증으로, 국가공인 노인 스포츠 지도사 자격시험이 있다. 적정한 난이도의 운동과 올바른 방법으로 노인들을 대상으로 생활 체육활동을 지도하는 일로 고령인구의 신체적, 정신적 변화 등에 대한 지식을 갖추고 이에 적절한 활동 방법을 전수해주는 전문 인력의 자격이다.

노인 스포츠 지도사란?
노인의 신체적·정신적 변화 등에 대한 지식을 갖추고 해당 자격 종목에 대하여 노인을 대상으로 생활체육을 지도하는 사람을 말함.

 ## 시험개요

◯ https://www.insports.or.kr/

◯ **자격요건 및 제출서류**

◯ **응시자격 공통사항**

　- 각 요건 중 어느 하나에 해당되는 자격 구비 및 서류 제출
　- 만 18세 이상 응시 가능

응시자격	취득절차	제출서류(인정요건)
① 만 18세 이상인 사람	- 필기·실기·구술 - 연수(90)	-
② 노인 스포츠 지도사 자격을 가지고 보유한 자격 종목이 아닌 다른 종목의 자격을 취득하려는 사람 ※폭력예방교육 : 스포츠윤리센터의 성폭력 등 폭력 예방교육(3시간)	- 실기·구술 - 폭력예방교육	-
③ 해당 자격 종목의 전문스포츠지도사 또는 생활스포츠지도사 자격을 가지고 동일한 종목의 자격을 취득하려는 사람	- 구술 - 연수(40)	-
④ 해당 자격 종목의 유소년스포츠지도사 자격을 가지고 동일한 종목의 자격을 취득하려는 사람	- 구술 - 연수(40)	-

시험개요

응시자격	취득절차	제출서류(인정요건)
⑤ 2급 생활스포츠지도사 자격을 가지고 보유한 자격 종목이 아닌 다른 종목의 자격을 취득하려는 사람	- 실기·구술 - 연수(40)	-
⑥ 2급 장애인스포츠지도사 자격을 가지고 보유한 자격 종목이 아닌 다른 종목 (국민체육진흥법시행령 별표1 제3호의 비고에서 다른 종목으로 보는 경우를 포함)의 자격을 취득하려는 사람	- 실기·구술 - 연수(40)	-
⑦ 유소년스포츠지도사 자격을 가지고 보유한 자격 종목이 아닌 다른 종목의 자격을 취득하려는 사람	- 실기·구술 - 연수(40)	-

◎ 필기시험과목 (5과목)

필수(1)	노인체육론				
선택(4)	스포츠심리학	운동생리학	스포츠사회학	운동역학	스포츠교육학
	스포츠윤리	한국체육사			

◎ 자격종목 - 노인 스포츠 지도사(58개 종목)

검도, 게이트볼, 골프, 궁도, 그라운드골프, 농구, 당구, 댄스스포츠, 등산, 라켓볼, 럭비, 레슬링, 레크리에이션, 리듬체조, 배구, 배드민턴, 보디빌딩, 복싱, 볼링, 빙상, 사격, 세팍타크로, 수상스키, 수영, 스쿼시, 스키, 스킨스쿠버, 승마, 씨름, 아이스하키, 야구, 양궁, 에어로빅, 오리엔티어링, 요트, 우슈, 윈드서핑, 유도, 육상, 인라인스케이트, 자전거, 정구, 조정, 족구, 철인3종경기, 축구, 카누, 탁구, 태권도, 테니스, 파크골프, 패러글라이딩, 펜싱, 풋살, 하키, 합기도, 핸드볼, 행글라이딩

※ 전문스포츠지도사가 생활스포츠지도사, 유소년스포츠지도사 또는 노인 스포츠 지도사 자격을 취득하려는 경우 사이클과 자전거, 산악과 등산, 수중과 스킨스쿠버, 트라이애슬론과 철인3종경기, 인라인롤러와 인라인스케이트는 동일한 종목으로 본다.

※ 국민체육진흥법 시행령 별표1 제3호의 비고 : 장애인스포츠지도사가 생활스포츠지도사, 유소년스포츠지도사 또는 노인 스포츠 지도사 자격을 취득하려는 경우 보유한 자격 종목명과 취득하려는 자격 종목명이 같은 경우 다른 종목으로 본다.

● 자격검정기관 및 연수기관 지정 현황

필기검정기관	국민체육진흥공단

실기 및 구술검정기관	대한체육회(태권도를 제외한 전종목), 국기원(태권도 단일종목)

※ 실기 및 구술시험, 노인의 신체적·정신적 변화에 따른 지도방법 포함.

연수기관(7)	수도권(2)	연세대, 이화여대
	경 상(1)	신라대
	충 청(1)	대전대
	전 라(2)	목포대, 호남대
	강 원(1)	가톨릭관동대

● 유의사항

[일반사항]
- 동일 자격등급에 한하여 연간 1인 1종목만 취득 가능.
- 필기 및 실기·구술시험 장소는 추후 체육지도자 홈페이지에 공지 예정.
- 하계 필기시험 또는 동계 실기·구술시험에 합격한 사람에 대해 합격한 해의 다음 해에 실시되는 해당 자격검정 1회 면제.
- 필기시험에 합격한 해의 12월 31일부터 3년 이내에 연수과정을 이수하여야 하며, 필기시험을 면제받거나 실기·구술시험을 먼저 실시하는 동계종목의 경우, 실기·구술시험에 합격한 해의 12월 31일부터 3년 이내에 연수과정을 이수하여야 함.

※ 병역 복무를 위해 군에 입대한 경우 의무복무 기간은 불포함.
※ 코로나19로 인해 연수과정이 시행되지 않은 2020년 1월 1일부터 12월 31일까지의 기간은 불포함.

● 자격검정 합격 및 연수 이수기준

필기시험 : 과목마다 만점의 40% 이상 득점하고 전 과목 총점의 60% 이상 득점.
실기·구술시험 : 실기시험과 구술시험 각각 만점의 70% 이상 득점.
연수 : 연수과정의 100분의 90 이상을 참여하고, 연수태도·체육 지도·현장 실습에 대한 평가점수 각각 만점의 100분의 60 이상.

○ 기타사항

[기준일]
- 연령 및 경력, 자격, 학위 등 각종 응시자격은 각 자격별 시험일 기준임.

※ 실기시험 기간 첫날 기준, 연수는 연수시행 기간 첫날 기준임.
※ 법령에 별도 기준일이 있을 경우 해당 법령에 의함.

[기타]
- 체육지도자 자격 응시와 관련하여 모든 지원 및 등록 절차는 체육지도자 홈페이지(www.insports.or.kr)를 통하여 확인 가능하므로 수시로 홈페이지 확인 요망.
- 체육지도자 자격 원서접수는 온라인 홈페이지를 통해서만 접수 가능.

체육지도자 결격 사유(국민체육진흥법 제11조의 5, 제12조)

- 제11조의5(체육지도자의 결격사유) 다음 각 호의 어느 하나에 해당하는 사람은 체육지도자가 될 수 없다.

1. 피성년후견인
2. 금고 이상의 형을 선고받고 그 집행이 종료되거나 집행이 면제된 날부터 2년이 지나지 아니한 사람
3. 금고 이상의 형의 집행유예를 선고받고 그 유예기간 중에 있는 사람
4. 다음 각 목의 어느 하나에 해당하는 죄를 저지른 사람으로서 금고 이상의 형 또는 치료감호를 선고받고 그 집행이 종료되거나 집행이 유예·면제된 날부터 20년이 지나지 아니하거나 벌금형이 확정된 날부터 10년이 지나지 아니한 사람
    가. 「성폭력범죄의 처벌 등에 관한 특례법」 제2조에 따른 성폭력범죄
    나. 「아동·청소년의 성보호에 관한 법률」 제2조제2호에 따른 아동·청소년대상 성범죄
5. 선수를 대상으로 「형법」 제2편제25장 상해와 폭행의 죄를 저지른 체육지도자(제12조제1항에 따라 자격이 취소된 사람을 포함한다)로서 금고 이상의 형을 선고받고 그 집행이 종료되거나 집행이 유예·면제된 날부터 10년이 지나지 아니한 사람

6. 제12조 제1항 제1호부터 제4호까지에 따라 자격이 취소(이 조 제1호에 해당하여 자격이 취소된 경우는 제외한다)되거나 같은 조 제3항에 따라 자격검정이 중지 또는 무효로 된 후 3년이 경과되지 아니한 사람.

- **제12조(체육지도자의 자격취소 등)**

① 문화체육관광부장관은 체육지도자가 다음 각 호의 어느 하나에 해당하면 그 자격을 취소하거나 5년의 범위에서 자격을 정지할 수 있다.

다만, 제1호부터 제4호까지의 어느 하나에 해당하면 그 자격을 취소하여야 한다.

〈개정 2020. 2. 4.〉
1. 거짓이나 그 밖의 부정한 방법으로 체육지도자의 자격을 취득한 경우
2. 자격정지 기간 중에 업무를 수행한 경우
3. 체육지도자 자격증을 타인에게 대여한 경우
4. 제11조의5 각 호의 어느 하나에 해당하는 경우
5. 선수의 신체에 폭행을 가하거나 상해를 입히는 행위를 한 경우
6. 선수에게 성희롱 또는 성폭력에 해당하는 행위를 한 경우
7. 그 밖에 직무수행 중 부정이나 비위 사실이 있는 경우

② 삭제 〈2020. 2. 4.〉

③ 자격검정을 받는 사람이 그 검정과정에서 부정행위를 한 때에는 현장에서 그 검정을 중지시키거나 무효로 한다.

④ 제1항에 따라 체육지도자 자격이 취소된 사람은 문화체육관광부령으로 정하는 바에 따라 체육지도자 자격증을 문화체육관광부장관에게 반납하여야 한다.

⑤ 제1항에 따른 행정처분의 세부적인 기준 및 절차는 그 사유와 위반 정도를 고려하여 문화체육관광부령으로 정한다.

3 노인 스포츠 지도사의 전망

전문체육과 생활체육으로 양분화되었던 스포츠 지도자의 자격 종목과 종류를 지도 내용과 지도대상, 분야 및 수준 등을 기준으로 세분화하여 노인 스포츠 지도사로서 법적, 제도적 정착과 활성화를 기대한다.

노인생활체육 참여자들의 삶의 질을 향상시키고 삶의 목적을 충족시켜 주기 위한 프로그램 개발과 정보제공 등의 역할과 업무를 수행한다.

○ 노인 스포츠 지도사 업무 및 활동영역

- 노인 스포츠 지도사는 사설체육시설, 직장, 생활체육 동호인 단체 등에서 전 국민을 대상으로 건강유지, 여가선용 등 노인생활체육 참여자의 목적을 충족시켜주기 위하여 프로그램을 개발, 수집 및 지도하고 체육시설을 관리하는 역할을 한다.

- 현재 국내에는 공공 체육시설 2만개, 민간 체육시설 6만개로 도합 8만개 이상의 체육시설이 있으나 이들 시설을 적절히 관리하고 운영할 전문성을 가진 스포츠 지도사가 턱없이 부족한 것이 현실이다.

※ 더불어 취업시장이 변화함에 따라 체육관련 회사 뿐만 아니라 기업체까지 일반 생활 스포츠는 물론 노인 스포츠 관련자의 세분화, 전문화된 취업 형태가 다양해지고 있으며 특히, 고령화 사회에 노인시설이나 복지관 등에서 다양한 노인 스포츠 지도 활동을 이끌어 갈 수 있으므로 일반인은 물론 학생, 주부, 사회복지사, 요양보호사 등도 스포츠 지도사로 활동이 가능하다.

4 실기평가 영역

1 실기평가 기준

- 기술분류

대분류	세부기술
진행기술	스피치(강약, 고, 고저, 쉼, 발음, 발성, 호흡), 태도와 표정, 언어구사 능력, 복장, 도구(용구) 활용.
게임기술	실내 게임, 실외 게임, 퀴즈 게임, 노래 율동 지도, 레크리에이션 댄스 지도, 게임 지도.

- 실기평가 영역

영역	내용	평가기준(5척도:a,b,c,d,e)
진행기술(50)	1. 스피치 기본(15)	① 강약, 속도, 고저, 쉼의 변화가 적절한가? ② 시선 처리와 표정은 좋고 몸짓은 적절한가?
	2. 음성(10)	① 적당한 톤과 자신감 있는 목소리인가? ② 호흡과 발성은 적절한가?
	3. 발음(10)	① 발음은 분명한가? ② 의사 전달력은 좋은가?
	4. 언어구사능력(15)	① 대상에 맞는 언어구사가 잘 되었는가? ② 게임 진행은 명료하며, 간결하게 진행되었는가?
게임기술(50)	1. 댄스 2. 게임 3. 노래 및 율동	① 준비물을 올바르게 선택하였는가? ② 분위기 조성(STOP, 아이스브레이킹)과 시연은 원활히 진행되었는가? ③ 대상에 맞는 실기 시연을 선정했는가? ④ 시연은 자연스러웠는가? ⑤ 대상별 시연은 전문적이고 효과적으로 진행되었는가?

2 실기평가 주의사항 및 참고사항

01. 마이크 사용법
입에서 10~15cm 떨어지게 하고 45° 각도 유지하고 스위치는 안쪽으로 하여 감싸듯이 잡아야 하며 마이크 헤드를 잡지 않는다.

02. 야외 레크리에이션 시 주의사항
사전 준비를 철저히 하여야 하고, 현장 답사를 하여 참가자들이 안전하게 게임을 진행할 수 있는지 점검한다. 상비약을 준비하고 프로그램에 맞는 장소와 시기를 판단한다. 우천 시에 대비한다.

03. 엠프 사용법
전원을 끄고 소리를 최소한으로 줄인 후 전원을 켜고 소리를 조절한다.

04. 게임 시 다른 사람에게 벌칙을 줄 때 주의 사항
① 상대방이 자존심이 상하지 않는 한도 내에서 가벼운 벌칙을 준다.
② 개인 벌칙보다는 단체 벌칙을 준다.
③ 감점, 벌점을 주되 반드시 만회할 기회를 준다.
④ 순수한 벌칙보다는 게임화된 벌칙을 준다.

05. 가사를 모를 때 어떻게 진행하는가?
노래를 아는 참가자를 지정하여 레크리에이션을 진행한다.

06. 야외에서 마이크 사용 법
① 앰프와 스피커 볼륨에 맞춰 입에서 적절히 뗀다.
② 하울링이 날 때는 마이크를 스피커에서 이동하거나 입에서 멀리 뗀다.

07. 레크리에이션 지도 시 기본 필수 단계 (레크리에이션 구체적 프로그래밍 과정) 분위기 조성이 가장 중요
기획 및 철학 이해 – 참가자 욕구 조사 – 목적 및 목표 설정 – 기획 – 실행 – 평가.

08. 레크리에이션 종류

- 지적 레크리에이션 – 독서, 서예, 탐구, 시낭송, 동화 구연, 문예창작 등.
- 사회적 레크리에이션 – 캠프, 클럽 활동, 포크 댄스, 각종 축제, 동아리 활동, 수련회 등.
- 예술적 레크리에이션 – 미술, 문학, 음악, 연극, 수예, 영화 감상, 수공예, 합창, 연주 등.
- 신체적 레크리에이션 – 하이킹, 수렵, 낚시, 등산, 스포츠 활동, 체조 등.
- 취미적 레크리에이션 – 장기, 바둑, 수집, 사진술, 카드놀이, 연날리기, 윷놀이, 당구 등.
- 관광적 레크리에이션 – 명승지 · 고적 답사, 여행, 해수욕, 벚꽃놀이, 단풍놀이, 관광 등.

09. 레크리에이션의 형태

- 능동적 형태 – 각종 스포츠, 레저 스포츠, 합창 등.
- 수동적 형태 – 영화 감상, 독서, 음악 등.

10. 레크리에이션 진행 요령

1) 정해진 시간에 시작을 하고 마친다.
2) 자기만의 시작 멘트를 준비한다.
3) 진행자는 참가자들이 잘 보이고 참가자들의 목소리가 잘 들리는 곳에 위치한다.
4) 10초 내에 기선을 잡을 수 있는 멘트나 스트레칭을 준비하다.
5) 진행자는 준비, 시작 등의 명령어를 잘 활용하여 진행한다.
6) 멘트, 애드립, 맞장구를 적절하게 사용한다.
7) 쉬운 것, 익숙한 것, 재미있는 것의 순서로 진행한다.
8) 적절한 칭찬이나 유머를 사용한다.
9) 저속한 언어와 동작을 삼가한다.
10) 누구나 쉽게 따라 부를 수 있는 노래를 준비한다.
11) 게임과 게임 사이에 멘트를 활용하여 틈을 주지 않는다.
12) 팀 대항으로 경쟁심을 유발한다.
13) 벌칙은 부담을 느끼지 않도록 재미를 준다.
14) 게임 승패는 분명하게 해준다.
15) 마무리 인사는 의미 있는 멘트로 준비한다.

3 실기평가 - MC기법

박수로 간단히 할 수 있는 레크리에이션

01. 박수 유도 멘트

1) 박수 1초에 30번 빨리 치기
"자 지금부터 박수를 1초에 30번. 몇 번?"
(사람들에게 한 번 더 물어보면서 인지를 시키기)
"30번을 가장 빨리 치신 분께 선물 하나 드리겠습니다."
"30번 다 치신 후 누가 1등인지 모르니 벌떡 일어나며 크게 아싸!를 외쳐주세요."
"박수준비."
"얍."
"박수 30번 시작."
아주 쉽게 입을 열면서 사람들도 움직이게 할 수 있는 기본 멘트이다.

2) 빼기 박수
사회자가 이야기하는 숫자에서 빼기 1을 하는 것이다.
처음에는 난이도를 쉽게 시작을 한다.
"박수 세 번 시작 짝짝짝."
"박수 다섯 번 시작 짝짝짝짝짝."
(하지만 첫 판은 연습게임~~ ^^)
확실하게 인지를 시킨 후 시작하면 집중도가 올라간다.
틀린 사람은 벌칙을 미리 제시해 두는 것도 방법이다.
실제 빼기 박수를 해보겠습니다.
"박수 세 번 시작." "짝짝~."
"박수 두 번 시작." "짝~."
"박수 한 번 시작." "~."

3) 박수로 호응 유도

왼손을 들면 박수 1번.
오른손을 들면 박수 2번.
왼발을 들면 박수 3번.
오른발을 들면 박수 4번.
양손을 모두 들고 양발로 뛰면 일어서서 박수.
끝에 가서는 양손을 들면서 박수 유도를 하면서 MC에게 집중을 하게 만든다.
이때 사회자 인사를 하셔도 좋다.

4) 신호등 박수

카드를 활용하여 하는 것이 신호등 박수이다.
색지를 엽서 정도의 크기로 잘라서 번호를 정해준다.
빨강은 1번, 파랑은 2번, 노랑은 0번.
다양한 벌칙을 정해 놓고 진행하면 된다.

5) 두 명이 함께 하는 박수 게임

둘씩 짝이 되어서 마주 보고 서거나 앉게 한다.
하나에 내 손 박수 짝!
둘에 서로의 손을 마주보고 박수 짝!
(연습을 시킨다).
습득이 되면 두 번씩 연습을 한다.
하나(짝) 둘(짝), 하나하나(짝짝) 둘 둘(짝짝)
연습이 충분히 되면 하나씩 늘여 가면서 진행한다.
둘이 호흡이 잘 맞는 팀에게 선물을 준다.
MC 진행할 때 집중 유도 박수로 유용하게 활용하면 된다.

02. 박수 게임

노래와 함께하는 1,2,3,4 번 박수.

1번 박수-옆사람과 함께 내거 니거 내거 니거(1번씩).

2번 박수-내거내거 니거니거.

3번 박수-친구야 사랑해(세번씩).

4번 박수-손, 가슴, 머리, 옆사람 손(네박자).

① 니코니코 짝짝 내코내코 짝짝 니코 짝 내코 짝 니코내코 짝짝.

② 뽀뽀뽀뽀 짝짝 키스키스 짝짝 뽀뽀짝 키스짝 뽀뽀키스짝짝.

③ 신토불이 박수.

얼씨구 얼씨구 짝짝 절씨구 절씨구 짝짝 얼씨구 짝 절씨구 짝 얼씨구 절씨구 짝짝(좋다~!).

④ 맛있는 박수(과일가게, 생선가게, 야채가게 등).

03. 기타 게임

아침에 일어나서 호호호.

점심땐 더 크게 하하하.

저녁엔 자지러지게 헤헤헤.

우리 모두 배꼽잡고 우하하하.

아침에 일어나서 잉잉잉.

점심땐 더 크게 엉엉엉.

저녁엔 구슬프게 흑흑흑.

우리 모두 땅을 치며 아이구~.

5 실기평가 내용

- 노인 스포츠 레크리에이션 종목 중 실기는 ①게임 ②노래&율동 ③댄스 세 종목을 연습한 후 실기시험 당일 시험장에서 수업생이 추첨을 하여 나온 과제를 수행하는 것이다.

- 실기 평가 기준을 미리 파악하지 못해 곤혹스러운 경우를 당하는 경우가 발생하지 않도록 수험생은 미리 그 해의 시험요강을 확인하는 것이 중요하다.

- 실기는 기본적으로 노인, 스포츠, 지도사의 실기이다. 즉 노인에게, 스포츠를 가르치는 사람의 자격을 검증하는 것이다. 바꿔 말하면 레크리에이션 전문인 경우는 레크리에이션을 가르치는 사람의 실기 기술을 보는 것이다. 실기시험의 핵심은 "가르치는 것"을 보는 것이지 얼마나 멋진 실력을 가졌느냐를 뽑는것이 아니다. 실제로 "지도방식"을 보여주지 못하고 혼자 공연하는 것을 실기 때 보여줘서 탈락하는 수험생들이 적지 않다.

- 첫 순서는 아이스브레이킹과 스팟 기법이 들어가야 한다.
  ① 아이스브레이킹은 마음 열기로 새로운 사람을 만났을 때 어색하고 서먹한 분위기를 깨뜨리는 일이다.
  ② 스팟 기법은 강의 중간중간 참여자의 집중도와 참여율을 높이기 위해 시행하는 짧고 흡입력 있는 진행 순서이다. 보통 박수라든가 간단한 율동이 여기에 포함된다. 채점기준표에 보면 스팟과 아이스브레이킹을 진행했는지에 대한 점수 배점이 있으므로 꼭 챙겨야 한다.

1 스팟 기법

첫째, 관심와 흥미를 갖게 한다.
　　진행 전에 미리 참가자들의 관심을 끌 내용이나 흥미를 일으킬 수 있는 것을 알아본다.

둘째, 적극적인 참여를 유도한다.
　　스스로 즐거움을 찾는 사람이 멋진 사람이다. 레크리에이션 중 '열심히 임하는 사람에게는 상품이 있다.' 등의 멘트로 적극적인 참여를 유도한다.

셋째, 참가자가 손쉽게 할 수 있는 동작으로 시작한다.
　　큰 소리를 외치게 하거나, 박수나 신체 접촉을 유도한다. 그리고 옆 참가자와 친숙해 질 수 있도록 인사와 악수를 유도한다.

01. 스팟의 종류

1) 멘트를 통한 스팟 기법

　　멘트란 어떤 일을 이해할 수 있도록 돕는 말이다. 짧은 말로 프로그램의 지속적인 관심과 흥미를 유지시키며 프로그램을 전개해 나가는 말이다.
분위기와 시기 또는 주제에 맞는 적합한 말이어야 한다. 참여자와 사회자가 혼연일체가 되도록 도와주는 말이며(분위기 조성), 위트나 유머 또는 침묵도 멘트다.

※ 멘트
- 앞부분 멘트 : 주로 시선 집중과 분위기 조성을 위해 사용되는 멘트.
- 중간 멘트 : 다음 단계의 프로그램으로 부드럽게 넘어가기 위한 멘트.
- 뒷부분 멘트 : 한 단원의 정리나 전체 마무리를 위한 멘트.

① 행사를 시작할 때
　- 큰소리로 "안녕하세요?" 인사를 하고 박수와 함성을 유도한다.

② 분위기가 산만할 때
　- 다같이 박수 세 번 시작!
　- 거기 계모임 있나요?
　- 난리도 아니네요.
　- 거기 뭐 좋은 일 있습니까?

③ 진행자에게 안 좋은 말을 할 때
  - 설마 저에게 하신 것은 아니겠지요?
  - 오늘날 저런 분들이 없었던들 우리가 무슨 재미로 살겠습니까?
  - 저 분을 위해 다같이 박수!
  - 근데 정말 무슨 재미로 살죠?"

④ 노래하다 실수를 한 사람에게
  - 실수는 누구나 할 수 있다는 것을 잘 보여 주셨습니다.
  - 너무 실망하지 마세요 살다 보면 이런 일 저런 일 있기 마련이니까요.
  - 역시 안되는 사람은 안되는 군요.

위에서와 같이 멘트는 참가자의 분위기를 전환하고 관심을 끌어서 하고 싶다는 동기를 부여하는 것이 좋다. 위의 멘트는 예시를 보여준 것으로 각자 자기에게 맞는 멘트를 준비하도록 권장한다. 속담, 격언, 관용어 등을 준비하는 것도 좋다.

2) 신체 접촉을 통한 스팟 기법

① **계단 박수** : 손뼉을 차례로 1, 2, 3, 4, 5번 치기도 하며, 5, 4, 3, 2, 1의 역순으로 치기도 한다.
② **박자 박수** : 4, 3, 2, 1 박자 순으로 지휘하면서 박수를 치되 마지막 박자에 박수를 친다.
③ **빨래 박수** : 무릎 2번 치고, 손뼉 2회 그리고 좌우로 빨기, 짜기, 털기, 널기를 되풀이하여 진행한다.
④ **산토끼 박수** : 오른손으로 왼손 끝부터 왼팔을 세 토막으로 나누듯 쳐 올라간 후 왼손바닥을 치고 나서 오른손으로 왼 팔꿈치를 받친다. 다음은 반대 손으로 반복한다.

3) 함성을 통한 스팟 기법

① 반대동작
 - 지도자가 두 손을 위로 올리면서 "위로"라고 말하면 참가자는 두 손을 아래로 내리면서 "아래로"라고 답한다.

- "안으로" "밖으로"도 똑같은 방법으로 한다. 벌칙이나 무대로 불러내고자 하는 참가자 앞에서 동작을 빨리하여 지도자와 같은 동작이 나오게 유도한다.

- "위로 위로", "아래로 아래로", "위로 아래로 밖으로 안으로" 등으로 동작을 늘리거나 리듬을 타면 더 재미있게 진행할 수 있다.
  "누가 지금 사투리로 울로, 알로 라고 합니까? 좋습니다. 이 분들을 위해서 사투리로 한번 해 보겠습니다."

이와 같은 게임 형식의 스팟 기법도 좋은 방법이라고 할 수 있다.

02. 지도자의 기본적 자질
1) 좋은 품성(겸손, 인내의 자세)과 인격.
2) 전문적 지도력과 흡입력.
3) 신체적, 정신적, 사회적 건강.
4) 유머 감각.
5) 긍정적 사고 방식과 봉사 정신.
6) 활동성, 도전성 및 추진력.
7) 평균 이상의 기술적 능력 및 상식.
8) 탁월한 조직 능력.

2 댄스

01 댄스는 보통 라인댄스를 하면 된다. 물론 익숙하다면 포크댄스를 추어도 무방할것이다. 〈유튜브〉에서 실버 + 라인댄스 등을 검색하면 도움을 받을 수 있다.

02 노래 선곡은 4박자 노래면 무난하다. 트로트 장르가 가장 무난하나 널리 알려진 요즘 4박자 노래 역시 사용할 수 있다. 노래 선곡 시 주의할 점은 엇박자, 못 갖춘 마디 등이 있는 노래는 주의해야 하고 가수가 리메이크 하면서 원곡과 다르게 박자를 빠르거나 느리게 기교를 부린 노래 역시 주의할 필요가 있다.

03 모든 실기 과목이 마찬가지지만 댄스 역시 분습법으로 가르치는 것이 중요하다. 분습법은 필기 시험에서 나오는 내용인데 어렵거나 긴 내용을 짧게 잘라서 가르치는 방식이다. 분습법으로 필요한 스텝과 동작을 가르쳤으면 음악과 함께 처음부터 진행하면 된다. 그러나 시간 제약으로 인해 실제 시험에서는 음악 시작1분 정도에서 끝나거나 분습법 과정에서 그만하라고 할 가능성도 있다.

3 게임

01 게임은 노인에게 적당한 게임을 골라 게임 방법을 설명하고 게임을 진행하는 것을 시연하는 것이다. 마치 게임 참가자가 앞에 나와있고 지도에 맞게 게임이 진행되고 있는 것처럼 원맨쇼를 하는 것이다. 댄스나 노래 율동보다 다소 민망할 수 있고 중간에 계속 진행 상황에 대한 중계와 멘트를 해야하는 어려움이 있다.

02 게임은 2인 게임이나 단체 게임 무엇이든 상관없다. 어차피 잘 진행되고 있다는 가정하에 진행자의 진행 솜씨를 보는 것이기 때문이다. 게임에서 명심할 것은 2가지다.
① 게임은 승패가 있어야 하며 어떻게 해야 이기는 것인지에 대한 설명을 해야한다.
② 게임이 끝나고나서 승자와 패자에 대한 보상과 벌칙까지 준비해야 한다. 벌칙이라고 해서 과도하게 힘들거나 면박을 주는 것은 금물이며 보상과 벌칙의 과정 역시 즐거움의 시간이어야 한다.

03 게임이란 것이 경쟁적 요소를 동반하는 레크리에이션이다 보니 노인에게 적당한 게임인지를 미리 검토할 필요가 있다.

예) 콩주머니 집기 : 탁자 가운데 콩주머니를 두고 마주 선 상태에서 진행자가 콩, 콩, 콩, 콩, … 하다가 "집어!" 하면 먼저 집는 사람이 승리하는 게임이다.

이 게임의 경우 구령과 함께 어르신들이 확 낚아채는 순간에 균형을 잃거나 서로 머리를 충돌할 위험이 있다. 실무에서도 마찬가지지만 시험 볼 때 심사위원들도 그 부분을 지적할 수 있다.

과격하지 않고 부상의 위험이 없는 게임을 고르는 것 또한 게임을 진행할 때 유의해야 할 점 중 하나이다.

4 노래 & 율동

01 "노래&율동"은 노래에 맞추어 적당한 율동을 함께 하는 것이다. 대개 가사에 맞는 팔동작이나 고개짓, 표정 등을 동반한다.

02 간혹 실기 준비 초기에 댄스와 노래&율동을 한번에 해결해도 되지 않을까 하는 생각을 가지는 수험생도 있다. 즉 노래, 음악에 맞는 동작들을 연습해서 실기시험장에서 노래&율동 또는 댄스가 나오면 준비해 간 한가지를 해서 시험에 통과하려고 하는 것이다. 노래&율동과 댄스는 명확히 다른 것이다. 댄스가 훨씬 율동적이며 다리와 스텝의 움직임이 많다. 노래&율동은 그에 비해 정적이다. 심지어 의자에 앉아서 해도 된다. 실기 시험에서는 실무에서 통용되는 기준과 형식을 기준으로 평가하는데 그걸 수험생이 자의적으로 해석하고 구성해서 시험을 준비한다는 것은 위험부담이 너무 크다. 댄스 따로, 노래&율동 따로 연습해야 한다.

03 노래&율동은 대개 시를 읊듯 천천히 가사를 읽으면서 그에 해당하는 동작, 율동을 먼저 시범보인다. 〈운다〉는 가사가 있으면 팔뚝으로 눈물을 훔치거나 양손으로 눈을 가리며 우는 동작, 〈노래한다〉는 내용의 가사면 기타를 치거나 마이크를 잡는 등의 동작을, 〈당신을〉 이라는 대목이라면 오른팔, 왼팔을 차례대로 몸 안쪽에서부터 앞쪽으로 펴서 뻗는다던가 하는 동작으로 노래 가사에 맞춰 율동을 구성한다. 중간중간 간주나 애매한 부분에서는 양손을 들어 만세 포즈로 좌우로 갈대처럼 흔든다던지, 3-6-9 게임에서 어깨춤을 추는 등의 공통 +박자 때우기 율동도 필요하다. 전체 세트를 만들어 시범을 보인 후 이 또한 마지막에 음악을 틀고 (가상의 대상과 함께) 진행하면 된다.

6 구술평가 내용

1 구술평가 기준

시험장 입장 후 수험생이 1종목 뽑기
ex) 자기소개 15초 → 아이스브레이킹 & 시연 종목 설명 30초 → 시연 1분 → 마무리 인사 15초.

★ 음악 1절만 편집(1분 이내), 의상(레크리에이션에 어울리는 간편한 복장)굽 낮은 신발, 단정한 머리, 손목시계, 마이크 등 소품.

★ 진행기술(50점) : 스피치기본(15), 언어구사능력(15), 음성(10), 발음(10).

☑ 게임 기술(50점)
   1. 댄스, 게임(실내, 실외, 퀴즈), 노래 및 율동.
   2. 구술 : 규정 2개(40점) - 시설 / 도구, 경기운영, 반칙 / 패널티.

☑ 지도 방법 2개(40점) - 지도 방법.

☑ 태도(20점) - 질문이해, 내용표현(목소리), 자세, 신념, 복장, 용모.

☑ 노래 율동 : 꽃나비사랑, 내 나이가 어때서, 백세시대, 닐리리맘보, 제주도타령, 너 나나나, 까투리사냥, 빨간구두 아가씨, 묻지 마세요, 길가에 앉아서, 행복합니다, 엄마아리랑 등.

☑ 댄스 : 목장 길 따라, 찔레꽃, 소양강 처녀, 행복합니다. 아모레파티 등.

☑ 게임 : 니코니코 짝짝 내코내코 짝짝 니코 내코 짝짝 등.

※ 얼씨구 얼씨구 짝짝 절씨구 절씨구 짝짝 얼씨구 절씨구 짝짝(좋다~).
※ 1번 박수 옆사람과 함께 내거 니거 내거 니거(1번씩) / 2번 박수-내거내거 니거니거 / 3번 박수-친구야 사랑해(세번씩) / 4번 박수- 손, 가슴, 머리, 옆사람 손(네박자).
※ 퐁당 퐁당 노래에 맞추어 간지럼 태우기.
※ 손가락놀이 - 엄지(지구력), 검지(기억력), 중지(집중력), 약지(몰입력), 소지(순발력)
        "돌려라 돌려라 엄지 돌려라" 지구력이 좋아진다.

구술평가 내용

2 구술 평가 주의사항 및 참고사항

01 실기와 구술평가는 같은 장소에서 같은 심사위원 앞에서 연속으로 치르게 되는데 실기 후 구술을 보기도 하고 간혹 시험장 입장하자마자 구술부터 치르고나서 실기를 보는 경우도 있다.

02 필기 합격 후 구술시험에 대해서 그다지 심각하게 생각하지 않는 경우가 많다. 그러나 구술의 정체를 알게 되면 생각이 달라질 것이다. 필기-실기-구술 중 사실 상 가장 어려운 시험이 구술이다.

03 필기시험에서 주관식이나 논술이라면 문제를 읽은 후 생각을 끄집어내서 정리하고 답안을 쓸 때는 전체 시험시간 안에서 아무 때나 하면 된다. 심지어 일단 접어두고 다른 문제를 풀고나서 나중에 풀어도 된다. 그러나 구술은 심사위원이 문제를 물어보면 그 자리에서 곧바로 답변을 시작해야 한다. 적어도 3초~5초 안에 답변을 시작하지 못하면 긴장과 초조함으로 더욱 압박감을 가질 수 밖에 없다. 게다가 방금 댄스를 하고 난 후라면 숨을 고르기 전일 수 있다. 실기 과정 중 실수가 있었다면 그 찝찝함을 애써 지우고 구술에 집중해야하는 멘탈도 필요하다.

04 스포츠 경기라면 경기 규칙이나 운동장, 운동기구에 대해서라도 외워보겠으나 레크리에이션에서는 숫자라든가 규격, 규정이라는 게 없기에 막막할 수 있다. 게다가 〈~의 원칙은 무엇인가〉, 〈~의 자질은 무엇인가〉, 〈~에서 고려할 점은 무엇인가〉, 〈~에서 주의할 점은 무엇인가〉 등 살짝 질문을 꼬거나 같은 의미의 다른 용어를 사용할 경우 상당히 헷갈릴 수 있다.

05 구술하는 방법은 예를 들어 "~을 하는데 주의할 점은 무엇이 있나요?"라고 물어본다면 공부한 내용을 되짚어 보고 그 내용을 문장으로 만들어서 매끄럽게 이야기 하면 된다. "~할 때 주의점은 ~와 ~을 특히 유의해야 하며 어르신들 특성상 ~ 역시 준비에 소홀함이 없어야겠습니다. 아울러 ~까지 대비한다면 가장 좋겠지요!" 식으로 한다. 물론 준비한 대로 단답형 단어의 조합으로 말해도 되나, 유사한 개념끼리 모아 문장을 만들어 외우는 것이 연상작용에 좋다.

06 구술이란 것이 완벽한 정답이 없는 경우가 많으므로 (예를 들면 야외 노인 레크리에이션의 주의점이란 문제에 대한 100%, 논쟁의 여지가 없는 정답이란 게 있을 수는 없다) 설령 공부한 내용이 안나오거나 생각이 안나더라도 일반적인 상식 수준까지 생각을 열어놓고 연관있는 답변들을 하는 것이 좋다. 채점 기준에 부분 점수가 있기 때문에 절대 "모르겠습니다", "죄송합니다." 라는 답은 옳지 않다. 반드시 답변을 만들어 내야 한다.

07 노인 스포츠 지도사 레크리에이션 과정에서는 기본 3문제 구술이 나오는데 만약 심사위원이 4문제 심지어 5문제를 냈다면 실기 점수는 괜찮았으나 구술에서 살짝 아쉬움이 있어서 기회를 주는 경우일 수도 있다. 그러니 3문제를 답변했는데 또 문제를 낸다면 미친듯이 두뇌 풀가동하여 답변을 해야할 상황인 것이다.

08 노래, 율동과 댄스 실기를 위해서는 수험생이 음원을 준비해야 한다. mp3로 USB에 담아가면 되는데 잡다한 파일들은 모두 지우고 필요한 음원만 두 곡 담아가도록 한다. 실기시험장 입장시 운영요원에게 USB를 전달하면 된다. 실기시험 중 필요할 때 수험생이 "음악 주세요"라고 하면 음악을 재생해 준다. 다른 사람이 재생해 주는 것이므로 헷갈리지 않도록 파일명을 정확하고 단순하게 지정할 필요가 있다.

예) 1.댄스_안동역에서.mp3   2.노래율동_단장의 미아리고개.mp3

09 음원 사이트에서 음원을 다운받을 때 DRM (Digital Rights Management)이 걸린 파일을 받지 않도록 주의하자. DRM 파일을 재생할 수 있는 권리확인이 되지 않으면 재생되지 않는다. 내 계정에 파일 재생 권한이 제한적으로 귀속된 DRM 음원 파일은 실기시험장의 운영요원이 사용하는 PC에서는 당연히 재생되지 않는다. 다른 PC에서 재생하지 못하게 암호화한 것이 DRM 이다. 실제로 실기시험장에 이 파일을 담아와서 시험을 보지 못한 수험생이 있다.

구술평가 내용

10 누구나 잘 알고 있는 내용이지만 시험을 치르는 고사장에 들어가면 맨 먼저 해야 할 것이 휴대전화를 반드시 꺼두는 것이다. 깜빡하고 전원을 끄는 걸 잊고 있다가 시험 도중에 벨이 울리게 되면 가차 없이 바로 퇴실 조치된다. 몸에 소지하고 있다가 벨이 울리면 바로 퇴실이고 가방에 있는 벨이 울리면 1차 경고, 2차 퇴실이다. 시험을 앞두고 긴장해서 전화기 끄는 것을 잊을 수도 있지만 그렇다고 규정을 어기고 봐주는 일은 없다는 걸 명심해야한다.

11 주변에 필기, 실기 스터디 모임이 있다면 함께 준비하는 것도 좋다. 지난 시험에서 합격을 하지 못한 사람도 있을 것이고 현업에 종사하고 있는 분들도 있을 것이다. 이미 자격증을 취득한 사람도 있지만 추가 취득을 위해 준비하는 시험 준비생도 있을 것이다. 다양한 부류의 시험 준비생들에게서 시험에 대한 다양한 정보를 얻을 수 있다. 시험에 필요한 정보를 얻는 것에만 목적을 두어야지 정확하지 않은 이러저러한 소문들을 신경 쓸 필요는 없다.

3 노인 스포츠 지도사의 자질

○ 지도자의 리더십

체육관에서 수업을 진행하는 지도자들은 수업 전, 수업 중, 수업 후에 전문성이 있어야 한다. 지도자들은 수업에 참가한 참가자들이 서로 다른 체력과 기능을 가지고 있다는 것을 깨달아야 한다. 수업을 처음 듣는 참가자에게는 운동에 대한 완급을 조절을 해주어 수업의 한 일원으로써 수업을 쉽게 따라 올 수 있게 해야 한다. 지도자는 수업에서 발생하는 상황에 적절하게 대처할 수 있어야 한다. 또한 수업에 대한 참가자들의 의견을 수용하여 적절하게 적용시킬 줄도 알아야 한다. 훌륭한 지도자는 주어진 일에 대하여 사랑과 열정이 명백하게 보이는 다이나믹한 개성을 갖고 있어야 하며, 참가자들의 수업에 잘 적응할 수 있도록 도와서 운동을 재미있고 흥미있게 할 수 있도록 해야 한다. 지도자는 다음 사항을 지키면서 수업을 실시하여야 한다.

01. 수업 목표 세우기
02. 수업 전
03. 수업 진행
04. 수업 후
05. 수업 외관
06. 지도 단계와 영역
07. 지도 스타일
08. 체력 수준이 다른 회원들의 수업 적용
09. 운동 평가
10. 운동 결과에 대한 피드백과 지식
11. 운동 동기 유발

01. 수업 목표 세우기

지도자의 역할 중 참가자들이 운동에 충실할 수 있도록 돕는 것이 가장 중요한 요소일 것이다. 지도자들은 참가자들 각자의 운동 목적을 파악하고 이에 맞는 수업 목표를 설정해야 한다. 일단 수업 목표가 정해지면 지도자는 참가자들이 자신의 목적에 도달할 수 있도록 수업을 잘 진행해야 하는데, 목적에 도달하는 최선의 방법은 참가자들이 달성할 수 있는 작은 목적을 세워 최종 목적에 이르도록 하는 것이다. 지도자는 참가자들이 강박관념 없이 편하게 운동에 전념할 수 있도록 용기를 주고 격려해야 한다.

02. 수업 전

1) 수업시간 1시간 전에 도착해야만 한다.
2) 밝고 명쾌한 분위기를 조성하고 주변을 정리한다.
3) 사전에 수업 프로그램에 적절한 음악과 동작들을 준비해야 한다.
4) 참가자들은 따뜻하고 친절하게 맞이할 준비가 되어 있어야 한다.
5) 수업 전에 참가자들이 수업에 필요한 것을 준비해 둔다. 장비, 식수, 휴식 공간 등.
6) 신입참가자는 건강과 운동에 대해 개별 상담을 하도록 한다.
7) 수업을 제 시간에 시작할 수 있도록 한다.
8) 건강하고 건전한 지도자의 이미지를 보여 주기 위해 꾸준히 자기관리를 한다.

03. 수업 진행

1) 수업 구성과 수업의 수준을 소개한다.
2) 신입 참가자들에게 안전에 대한 사전 주의와 지식을 주도록 한다. 모든 참가자들에게 동등한 관심을 갖도록 한다. 지도자로서 품위를 지켜야 한다.
3) 자신을 존중하고 스스로 지도자로서 확신이 있어야 한다.
4) 각각의 동작이 무엇을 위한 것인가를 이해하고 이를 참가자들에게 알려주어야 한다.
5) 수업의 참가자가 소수일지라도 성실한 태도를 보여야 한다.
6) 수업을 통하여 적절한 자세를 강조한다.

7) 잘못된 동작을 고쳐줄 때라도 항상 긍정적인 태도로 하여야 한다(A 회원님 정말로 잘 하셨는데, 다리를 조금만 더 낮추고 복부를 꽉 조이면 너무 좋을 것 같아요). 마치 코치가 재능 있는 선수를 가르치는 것과 같이 대하여야 한다.

8) 참가자들과 수업 외적으로도 유대 관계를 유지해야 한다.

9) 명확한 큐사인과 구두 지시, 동작 시범을 보여 주어야 한다. 또한 효과적으로 큐사인 테크닉을 사용해야 한다.

10) 동작 변화가 부드럽게 이뤄져야 하고 따라 하기 쉬운 동작들로 연결되어야 한다.

11) 음악 선택은 수업 내용에 적절한 템포와 리듬을 가진 것으로 선택하여야 하며 적절한 음량으로 사용되어야 한다.

12) 리듬과 음악의 흐름에 대하여 좋은 감각을 갖고 있어야 한다.

13) 큰 소리로 말해야 하지만 소리를 지르거나 날카롭게 말해선 안 된다.

14) 활동과 운동에 대하여 참가자들을 격려해 활기찬 수업이 되도록 한다.

15) 유머 감각을 갖는다.

16) 항상 긍정적인 모습으로 수업을 하여야 한다. 다른 지도자나 참가자들이 명예를 손상시키는 일이나 말은 절대 하여서는 안 된다.

17) 참가자들과 있으면서 욕을 하거나 술, 담배를 하는 등 지도자로서 부적절한 행동은 하지 않도록 한다.

04. 수업 후

1) 수업을 제 시간에 마치도록 시간 배정을 적절히 한다.
2) 수업은 항상 긍정적인 말로 마친다.
3) 부상의 경우 환자를 자의적으로 진단하지 말고 병원으로 보내도록 하며 적절한 운동 자세나 의상과 신발 선택 등의 문제를 도와주도록 한다.
4) 안전하고 완전한 운동을 위해 참가자들의 반응을 기록해 둔다.
5) 참가자들이 운동을 계속적으로 할 수 있도록 격려해 준다.

6) 참가자들이 자신들의 운동 목적을 재평가하도록 도와준다.
7) 특정한 운동에 어려움을 겪고 있는 참가자들을 도와준다.
8) 참가자들이 지도자에게 접근하기 쉽도록 유도한다.
9) 다음 수업에 대해 미리 계획을 세운다.

05. 수업 외관

1) 지도자는 전국적으로 알려진 역사와 전통이 있는 교육기관에서 교육을 받고 자격증을 갖고 있어야 한다. 이러한 것들은 자기 분야에서 헌신하고 전념하고 있다는 것을 보여 주는 증거가 된다.
2) 세미나, 워크숍에 참석하고 전문서적을 읽어 수업과 관계되는 최신의 정보를 갖고 있어야 한다.
3) 항상 수업을 좀 더 개선시킬 수 있는 방법에 대해 생각하여야 한다.
4) 변화와 개선 없이 습관적으로 이루어지는 운동프로그램에 대한 자가 평가를 한다.
5) 다재다능한 지도자가 되기 위해 노력해야 한다. 여러 가지 유형의 수업을 할 수 있어야 한다. 연령층에 따라, 장르에 따라, 기구 이용 등을 항상 연구하고 준비한다.
6) 직원회의에 참석하여 조언을 구해야 한다.

06. 지도 단계와 영역

○ 효과적인 수업을 하기 위해선 지도자는 참가자들이 운동 프로그램을 어떻게 받아들이는가를 이해하고 있어야 한다. 새로운 운동기술을 배우기 위한 3가지 주요한 단계가 있다. 이러한 3개의 단계는 인간 행동의 3가지 범주 안에서 일어나게 된다.

1) **인식 영역 (Cognitive Domain)** 이것은 지적인 활동을 통해 얻게 되는 지식이다. 지도자들은 참가자들에게 새로운 연구나 정보를 나누어준다.
2) **감정 영역 (Affective Domain)** 이 영역은 감정적인 태도에 의해 배우고자 하는 의욕이 강한 것을 이야기 한다.
3) **운동 영역 (Motor Domain)** 필요한 운동을 하는 것을 말한다. 운동기술을 배우는 것이 체육, 활동수업의 기본이다. 참가자들이 새로운 기술을 익힐 때는 다음 단계를 통하여 차례차례 익히게 된다.
4) **인식 단계 (Cognitive stage of Learning)** 이 단계에서 참가자들은 많은 실수를 하게 된다 참가자들은 자신이 무언가 잘못하고 있다는 것을 알지만 이를 개선시킬 만한 지식이 부족하다.
5) **연합 단계 (Associative stage of Learning)** 이 단계에서 참가자들은 운동의 기본 원리와 운동기술에 대한 원리를 터득하게 된다. 이 단계에서 참가자 자신이 자신의 잘못에 대한 구별을 할 수 있게 된다. 동시에 잘못은 처음 단계보다 적어진다.
6) **자율적 단계 (Autonomous stage of Learning)** 운동기술을 자동적이며 습관적으로 행할 수 있게 된다. 운동을 위해 많은 생각이 필요없고 자신의 잘못된 부분을 감지할 수 있게 된다.

● 수업을 하면서 회원들을 지도할 때 2가지 방법으로 할 수 있다.

1) 부분적 접근 방법
루틴의 구성에서 동작을 부분적으로 세분하여 실시하고 세분화한 동작들로 전체를 구성해 실시하는 방법이다
예) 32 박자 콤비네이션에 있어서 8박자의 동작으로 나누어 실시하는 방법

2) 모두 접근 방법
이 방법은 모든 동작을 한 번에 구성해 실시하는 것이다.
양쪽 모두 많이 쓰이는 방법이다. 어떤 방법으로 가르칠 것인가 하는 결정은 안무의 복합성과 가르치는 기술에 따라 최선의 방법으로 결정하도록 한다. 운동의 복합성이란 실행하는 운동 속에 포함된 동작의 개수를 뜻한다.

07. 지도 스타일

1) 명령형
① 지도자가 모든 사항을 결정한다.
② 참가자들의 반응을 즉각 일으키게 한다.
③ 조정을 잘하고 더욱더 안전하게 하며 시간을 유용하게 활용한다.
④ 지도자가 확실하게 운동 모델 역할을 한다.
⑤ 개인적인 것이나 선택적인 것은 피한다.

2) 연습형
① 개별적인 기회와 피드백을 제공한다.
② 각각의 참가자들을 위하여 연습시간과 개별지도를 실시한다.
   참가자들이 자신의 리듬과 페이스를 선택할 수 있다.
③ 이 경우에 부정적인 점은 운동의 동기유발이 부족하다는 점이다.

3) 상부상조형
① 각각의 참가자가 피드백을 위해 파트너를 사용한다.
② 모든 참가자가 피드백을 받을 수 있게 한다.
③ 운동을 점검하거나 다시 짜 맞추는데 유용한 방법으로 사용되며 기존 카드를 사용할 수도 있다.
④ 이 경우에 불이익은 보고 있는 참가자들에겐 부적절한 피드백이 될 수 있다.

4) 스스로 체크하는 형
① 자신 스스로에게 운동 욕구를 불러일으킨다.
② 참가자들이 스스로 피드백을 할 수 있다.
③ 트레이닝을 모니터 하거나 휴식기의 심박수를 측정하는데 유용한 방법이다.
④ 기록 카드를 사용한다.

5) 포괄형

① 한 수업에서 여러 수준의 참가자를 가르친다.
② 지도자는 각 참가자들의 체력과 운동 기술 수준을 파악하여 개인 수준에 맞는 운동 모델을 제시한다.

6) 인식

지도자들은 수업시간에 참석하는 참가자들의 체력 수준이 각각 다르다는 것을 인식하여야 한다. 참가자들의 체력 수준은 그들의 운동을 관찰하거나 체력 평가와 건강 조사를 통해서 알게 된다.

다음은 체력평가뿐만 아니라 참가자들의 운동 관찰에 기준을 둔 프로그램 디자인에 관한 것이다. 수업을 하는 동안 혹은 참가자들의 체력 평가를 통해 만들어진 정보를 바탕으로 운동 프로그램을 개별화한다. 건강 조사나 체력 평가를 하는 과정에서 지도자는 참가자들의 운동 능력에 대하여 자세히 파악할 수 있게 된다. 이러한 정보로 지도자는 참가자들에 대한 운동처방을 할 수 있게 된다.

예를 들면 경우에 따라 동작의 반복을 더 하거나 뺄 수 있게 된다. 지렛대 운동의 경우는 지렛대-관절의 길이를 짧거나 길게 사용하도록 하며 대화 테스트 등을 통해 운동 강도를 조절할 수 있도록 한다. 유연성 프로그램에 있어서도 스트레칭의 범위를 회원들의 운동 반경에 맞추어 조절할 수 있도록 한다. 또한 운동기구를 사용할 땐 초보 회원부터 경력 회원까지 다양한 운동 수준에 맞게 회원들이 운동하도록 유도하면 운동에 대한 안전성, 유효성, 즐거움을 줄 수 있다.

08. 체력 수준이 다른 참가자들의 수업 적용

만약 수업의 수준이 명백히 구분되지 않고 동일한 기준에서 실시된다면 중간 수준으로 가르치는 것이 최선의 방법이다. 지도자는 참석한 모든 참가자들의 다양한 체력 수준에 맞는 운동을 같이 할 수 있도록 초보자와 경력자 수준의 각기 다른 운동 시범을 보여줘야 한다.

1) 준비 운동(Warm-up)
변형된 동작을 보여주고 지렛대 사용을 작게 혹은 길게 하는 방법과 관절의 가동 범위를 줄이거나 늘려서 운동하는 방법을 동시에 보여 준다.

2) 본 운동(Cardio)
기본 동작으로 시작하고 점진적으로 여러 가지 진보된 동작을 덧붙인다. 즉 복합적이고 다양한 스텝으로 전환과 팔 동작을 추가해 난이도를 높인다. 초보 참가자들은 기본동작을 유지하도록 하고 경력 참가자들을 위해서는 점차 동작 추가와 이동 방향 전환의 추가로 난이도를 높인다. 가끔 초보 참가자들은 방향 전환에 대해 어려움을 느끼기 때문에 먼저 고정된 자세에서 동작의 결합을 가르친다. 주의할 점은 참가자들이 스스로 기본 동작을 편안히 느끼기 전까지는 방향전환을 덧붙인 운동을 하도록 하지 않는다. High-Impact 수업을 할 때는 low-impact를 원하는 참가자들이 대안으로 할 수 있는 동작 시범을 보인다. 스텝 수업에선 운동 강도를 높이거나 낮추기 위하여 동작의 난이도나 동작 종류의 선택뿐 아니라 스텝 높이를 높이거나 낮춘다.

3) 저항 운동(Conditioning)
모든 수준의 참가자들은 같은 근육군을 사용하여 동시에 운동을 할 수 있다. 초보 참가자들에겐 운동을 위한 근력과 균형이 덜 필요한 자세로 운동할 수 있도록 한다(push-up). 좀 더 숙달된 참가자들은 같은 운동을 실시하면서 아령, 밴드 등을 사용할 수 있다. 난이도는 지렛대의 길이를 길게 사용하거나 운동 반경을 증진시키고 운동의 템포를 조정하여 운동함으로써 증진시킬 수 있다.

○ **요약**

모든 수업 시간에는 수준과 타입이 각각 다른 참가자들이 있다.
수업 중 여러 가지 체력 수준과 다양한 사람들을 적절하게 지도하기 위한 방법들이 있다.
- 수업에 참가한 사람들을 관찰할 수 있도록 음악의 크기를 너무 크게 하지 않는다.
- 참가자들의 건강 조사와 체력 평가를 실시하여 체력 수준을 파악한다.
- 다양한 기술과 체력 수준에 맞게 여러 가지 형태의 운동 모델을 제시한다.
- 운동 속도, 충격 강도, 방향 전환에 대한 것을 보여준다.
- 이동 동작과 고정 동작을 모두 사용한다.
- 여러 가지 수준의 팔 동작을 가미한다. 낮은 위치, 가슴 높이, 어깨 이상의 높이 등.
- 자신들의 속도에 맞는 운동 음악을 사용하도록 참가자들을 격려한다.

09. 운동 결과에 대한 피드백과 지식

여기선 두 가지 중요한 것을 꼭 기억해야 한다. 피드백은 참가자들의 내부적인 반응에 대한 것이고, 결과 지식(KR)은 외부적인 요인에 대한 피드백이다. 지도자는 참가자들의 내부적인 반응에 대하여 거의 영향을 주지 못한다. 그러나 지도자는 결과 지식에 대하여 모든 컨트롤을 하게 된다. 결과 지식은 세 가지 주요한 목적이 있다.
- 운동 실시에 관한 정보를 제공한다.
- 앞으로 실시할 운동에 대해 운동 의욕을 고취시킨다.
- 또한 이것이 참가자들로 하여금 정확한 반응을 갖도록 한다.
- 지도자는 주어진 시간 안에 몇 가지 제한된 사항에 대해서만 언급하여야 한다.
- 지도자가 결과 지식(KR)을 참가자들에 제공할 때 세 가지 형태로 언급하여야 한다.

○ **교정적 언급 (Corrective Statements)**

참가자의 반응이 부정확할 때 사용한다. 여기선 잘못을 지적하고 어떻게 교정하는가를 제시한다〈등을 구부리고 있으니 복부와 골반을 조이고 등을 세워라〉.

○ 가치적 언급 (Value Statements)
운동 실시에 대한 목표 달성의 느낌을 언급한다. 가끔 〈좋다〉, 〈아주 잘했다〉 등으로 언급해야 한다.

○ 중립적 언급 (Natural Statements)
운동 실시에 대한 판단이나 교정 없이 객관적인 언급만 한다. 〈내가 여러분이 15번씩 팔굽혀펴기 하는 것을 보았습니다〉

10. 운동 평가
지도자의 책임은 자신들의 운동 루틴에 대한 운동 평가를 위해 참가자들의 반응을 모니터 해야만 한다. 이것은 여러 가지 체력 평가와 건강 조사를 통하여 행해져야 한다. 운동 평가는 참가자들의 운동 목적의 성취와 충실한 프로그램의 진행을 위한 주요한 요소들이다. 또한 운동에 대한 안전성의 이유 때문에도 매우 중요하다.

○ 테크닉과 자세
지도자의 책임 중 하나는 수업시간에 참가자들의 테크닉과 자세를 모니터 하는 것이다. 참가자들을 적절하고 안전한 운동에 대한 피드백으로 적절한 자세를 유지할 수 있도록 격려한다.

1) 일반적인 교정법
운동을 하면서 발생하는 대부분의 잘못은 유연성의 부족, 부적절한 근지구력이나 근력, 잘못된 신체 정렬, 협응성의 부족과 동작 실시에 대한 경험 부족 등이다. 일반적으로 근육이 피곤할 때 근육을 부적절하게 사용하게 된다. 다음은 전형적인 수업에 있어서 자주 발생하는 잘못이다. 지도자들이 교정을 해줄 때 여러 수준의 참가자와의 커뮤니케이션 기술이 필요하다. 시각 큐사인(동작 시범), 구두 큐사인(예령)으로 참가자들의 동작과 자세를 정립시킨다. 지도자들은 지시나 교정을 명확하고 재치있게 하도록 하여야 한다. 부정적인 말보다는 긍정적인 말을 하도록 한다. 또한 운동을 하는 모든 시간 동안 선 자세에서 참가자들의 신체 정렬 상태를 확인해야 한다. 수업에서는 신체의 정렬이 무엇보다 중요하다. 우선 머리는 곧게 중립적인 위치에 있도록 해야 한다. 앞으로 내밀거나 과도하게 숙이지 않도록 한다. 어깨선을 약간 내리게 한다. 가슴을 활짝 열고 들어올린다. 복근과 둔근은 수축하고 골반은 중립적인 위치를 유지하도록 한다. 무릎은 과신전하지 않고 다리는 엉덩이 넓이만큼 벌린다. 체중은 엄지발가락, 발 끝, 발뒤꿈치에 양쪽으로 균형 있게 싣는다. 옆으로 보면 귀로부터 어깨 중심에서 엉덩이 무릎과 발목으로 중심선이 그려지도록 자세를 잡아야 한다.

모든 수업시간 동안 계속해서 적절한 자세가 강조되어야 한다.
- 머리를 곧게 세우고 기울이지 않도록 한다.
- 어깨는 아래로 내려 편안히 한다.
- 가슴은 들고 활짝 편다.
- 늑골을 들어올린다.
- 척추를 곧게 한다.
- 복근을 조이고 척추 쪽으로 잡아당긴다.
- 골반은 약간 뒤로 기울인다.
- 대둔근을 수축시킨다.
- 무릎을 부드럽게 한다.
- 발꿈치와 발가락이 전부 마루에 닿게 선다.
- 양 다리 사이 간격을 적절히 조절한다.
- 다리를 굽힐 때 양 무릎이 발의 중간 위에 위치하도록 한다.

2) 적절한 교정법

① Warm-up
- 너무 많은 힘을 쓰고 너무 빨리 한다.

참가자들의 warm-up 강도는 낮게 시작하여 본 운동에 들어갔을 때 강도 높은 운동에 대비하도록 한다는 것을 기억해야 한다.

- 구술평가 내용

- **적절한 관절 사용으로 안전한 운동을 실시를 한다.**

  - 목운동을 하는 동안 목을 과도하게 굽히지 않게 한다.
  - 런지 동작 때 무릎을 과도하게 구부리거나 상체의 중심이 앞발에 두지 않아 중심이 흐트러지지 않게 한다.
  - 옆구리 운동을 할 때 엉덩이를 옆으로 밀거나 양 무릎을 펴는 동작을 적절한 테크닉으로 보여준다.
  - 아무런 지지 없이 무릎을 펴고 상체를 90°로 숙이거나 양 무릎을 굽히고 허리를 숙일 때 개별적으로 교정하여 적절한 동작이 되도록 한다.
  - 지도자는 정확한 동작을 적절하게 보여주는 것이 중요하다.

② Aerobics - 에어로빅

- **운동을 과도하게 실시한다.**

  참가자들이 운동을 하며 고통스런 표정을 짓는지를 잘 관찰한다. 만약 고통스러워하는 모습을 발견하였다면 저강도로 바꾸고 이동과 방향 전환을 줄인다. 또한 운동 반경을 줄여 두 발을 바닥에 가깝게 움직이도록 한다. High impact나 combo 수업을 하는 동안 운동의 강도가 과도하게 적용되는 참가자들을 위해 각 동작들을 다양한 low impact 동작으로도 보여 주면서 수업을 진행한다.

- **조절하지 않고 사용한다.**

  만약 동작을 너무 격렬하게 또는 빠르게 실시하면 초보 참가자이나 지쳐있는 참가자들은 운동량이 과도하게 많아져 근육 조절이 잘 되지 않는다. 적절하고 보다 안정된 방법으로 운동을 하기 위해서는 짧은 지렛대 작용을 이용한 동작들을 여러 가지로 사용하도록 한다.

- **복합 운동을 실시하지 못한다.**

  초보 참가자이나 운동 능력이 낮은 참가자들은 빠른 동작이나 과도한 방향 전환을 쉽게 따라 하지 못하므로 운동에 쉽게 좌절할 뿐만 아니라 부상의 원인이 되기도 한다. 이러한 참가자들이 운동 패턴을 이해할 수 있을 때까지 제자리에서 실시하도록 한다. 운동 패턴은 기본부터 실시하여 점차 여러 가지 변형된 형태의 동작들을 추가시킨다.

- **피곤할 때 서 있거나 앉아 있다.**

  만약 운동 중 참가자이 응급처치를 하여야 할 경우가 생기게 되면 천천히 걷게 하며 신선한 공기와 물을 약간 마시도록 한다. 그러나 바로 완전히 멈추게 하면 안 된다.

③ 상체
- 참가자들이 상체 운동을 시작하기 전이나 하는 사이에 견갑골을 내려 올바른 신체 정렬을 유지하도록 한다.
- 팔을 사용할 때 저항력을 사용하지 않고 뚝 떨어뜨리거나 그냥 돌리는 경우에는 참가자들 스스로 육체적으로 자신의 저항력을 느끼면서 동작을 사용할 수 있도록 한다. 참가자들이 운동을 하면서 주요한 근육군을 올바르게 사용할 수 있도록 지도해야 한다.
- 팔굽혀펴기를 하는 동안 척추의 과신전이나 팔꿈치의 경직 등 잘못된 기술은 힘을 적절하게 사용하는 것을 방해 한다.

④ 하체
- 옆으로 누워 다리를 외전시키는 동안 엉덩이를 과도하게 앞으로 혹은 뒤로 기울이게 되는데 만약 엉덩이의 정렬을 유지하지 못하게 되면 다리를 외전하는 대신에 돌리게 된다. 이때는 부하가 허리 쪽으로 전달된다. 참가자들은 밸런스를 잡기에 가장 편한 자세로 있게 하며 허리와 옆구리를 위로 들어 상체를 받쳐 준다. 다리가 외전하여 아웃되지 않도록 고관절을 고정시킨다.

- 바닥에 누운 자세에서 엉덩이를 위로 들어주는 동안 허리를 과도하게 신전*시킨다면 무릎을 굽히고 발은 바닥에 고정시킨 자세에서 둔부와 대퇴부를 조여 위로 서서히 들어 준다. 이때 허리가 젖혀져 과신전 되지 않도록 한다.

- 스쿼트를 실시하면서 몸을 내릴 때 척추를 구부리고 몸을 올릴 때 척추를 편다. 참가자들이 스쿼트할 때 의자에 앉아 있는 자세와 같이 척추를 똑바로 펴고 다리를

---
*신전 : 늘여서 펼침

구부렸다 펴도록 한다. 다리를 굽힐 때는 양 무릎을 조여 굽히고 대퇴사두근을 사용하고 펼 때는 양무릎과 대퇴 내전근을 안으로 조여 준다. 이러한 동작들은 참가자들이 잘 볼 수 있도록 옆으로 하여 시범을 보여준다.

- 런지에서 뒷쪽의 발을 수직으로 일직선상에 놓고 앞쪽 고관절과 무릎은 접어 누르고 뒤 쪽 무릎은 자연스럽게 편다. 참가자들의 운동 반경을 줄여 주어서 참가자들로 하여금 운동하는 동안 모든 발가락이 마루 바닥에 지지되어야 한다는 것을 잊지 않도록 한다. 운동할 때 참가자들의 어깨와 엉덩이 또는 무릎과 발끝은 평형을 유지하도록 한다.

⑤ **복부**

- 척추를 과도하게 펴지 않도록 한다. 특히 몸을 내릴 때 주의하여야 한다. 윗몸일으키기를 실시할 때 복부를 조여 뒤로 골반을 기울이고 마루에 허리를 두른 자세에서 운동하도록 하여야 한다.

- 목을 잡아당기거나 이 부분에 과도한 힘을 주는 경우가 있다. 참가자들이 주먹을 살짝 쥐고 머리를 양손과 관계없이 힘이 들어가지 않도록 한다. 머리를 올릴 때 목, 어깨가 하나로 같이 움직여야 하고 가슴과 턱 사이가 주먹 하나 만큼만 들어갈 수 있도록 거리를 둔다.

- 바닥에서 상체를 들어올리기 위해서 허리의 반동을 사용하지 않도록 한다. 상상법을 사용한다. 즉 자신의 몸 속에 스폰지가 있다고 상상하고 매번 윗몸일으키기를 할 때마다 스폰지에서 물을 짠다고 상상하게 하면 좋다 또한 운동 범위를 줄이고 스피드를 줄이거나 음악 템포를 천천히 하는 것도 이러한 반동을 없애는 데 도움이 된다.

> ✅ **참가자들의 자세 교정을 위하여 신체 접촉이 필요할 때**
> 지도자가 참가자들의 자세와 정렬을 교정시켜주기 위하여 신체적 접촉은 필요할 수 밖에 없다. 지도자들이 참가자들의 신체를 접촉할 때는 주의할 점이 있다. 우선 참가자에게 동의를 얻도록 한다. 또한 항상 점잖게 행해져야 하며 운동의 적합한 자세를 보여주기 위하여 필요한 부분만 접촉하도록 주의해야 한다.

11. 운동 동기 유발

지도자들이 현장에서 가장 어렵게 생각하는 것 중 하나가 참가자들로 하여금 운동 프로그램에 흥미를 갖고 잘 따르도록 하는 것이다. 이러한 목적 달성에 대한 결과 지식(KR)과 지도자의 지도력과 동작구성, 음악 등은 참가자들의 운동 동기유발에 매우 중요한 것이다.

1) 운동 애착

참가자들로 하여금 운동에 대한 애착을 갖도록 하는 가장 중요한 문제는 수업의 안전성, 효율성 그리고 흥미성이다. 이러한 요소가 수업에 있는가 없는가 하는 문제는 지도자와 체육관 시설 및 환경에 의한다. 또한 참가자들의 운동의 동기유발은 스스로에게도 달려 있다. 그러나 참가자들의 운동에 대한 동기를 불러 일으키는 지도 능력이 곧 지도자의 자산이다.

① 안정성

- 운동 강도와 운동 시간은 협회에서 규정한 운동의 안전에 관한 가이드라인에 따라 실시하도록 참가자들을 지도해야 한다.
- 수업시간에 행해지는 운동은 반드시 근육군의 균형적인 사용과 지렛대 관절 사용 길이에 주의를 하여야한다. 동작의 변화와 방향 전환은 작품구성 시 처음부터 갑자기 실시하지 않도록 한다 .
- 시범을 하거나 말로 하는 큐 사인은 명확하고 정확하며 제 때 행해져야만 한다.
- 지도자들은 지시뿐만 아니라 참가자들과 눈을 맞춰서 운동에 대한 의욕을 고취시키는 방법을 사용하도록 한다.
- 지도자는 참가자들의 신체적인 한계를 재치 있게 알아차려 초보 참가자이나 조절이 잘 안되는 참가자들의 운동 강도나 동작의 난이도를 조절하여 용기를 북돋아 줄 수 있어야만 한다.

② 효율성

운동이 효율적으로 이뤄지기 위해선 체력의 여러 가지 요소를 적절히 사용하게 하고 시간적으로 잘 분배해야 한다(심장혈관 지구력, 근지구력, 근력, 유연성, 신체조성 등). 에어로빅스 운동의 적절한 운동시간은 최소한 20분 이상이어야 효과를 얻을 수 있다. 저항 운동을 실시 하는 동안 주동근과 길항근의 운동이 이루어져야 한다(최소한 8~16RM으로 2세트 이상 실시). 유연성 운동은 정적 스트레치로 실시하되 편안한 상태에서 이루어져야 한다. 척추를 곧게 하고 힙과 복근을 조여 신체정렬을 바르게 해야 한다.

③ 흥미성

안전하고 효율적인 수업도 중요하지만 참가자들에게 필요한 것은 즐거운 수업이다. 그 다음으로 안전성과 수업의 효과이다. 수업의 즐거움을 더하게 하는 것이 기본적인 요소일 것이다.

④ 다양성

율동, 음악의 변화나 연속적인 동작에 활용한 음악과 도구(다이나밴드, 짐스틱, 스텝, 볼 등)를 추가적으로 사용하여 수업을 함으로써 운동프로그램을 다양화시킨다. 그러나 과도한 변화는 수업을 혼란스럽게 하고 운동의 정확성을 낮게 하므로 참가자들이 이러한 다양성에 잘 적응할 수 있도록 해야 한다.

⑤ 수업의 활력

만약 수업의 강도가 너무 높거나 복잡해지면 운동 기능이나 체력이 좋은 참가자만이 남고 나머지 참가자는 운동의 효과가 떨어지게 된다. 가장 이상적인 수업은 강함과 복합적인 동작 사이의 균형 있고 단순한 동작을 실시함으로써 대부분의 참가자들이 성공적으로 운동을 할 수 있도록 하는 것이다. 이러한 안무는 참가자들이 더 적극적으로 운동에 참여할 수 있도록 활력을 불어넣어 준다.

⑥ 환경적인 요소

에어로빅댄스 수업을 위한 이상적인 체육관은 넓고 3면에 거울이 있고 깨끗한 바닥과 좋은 오디오 시스템에 피치 컨트롤이 있어야 한다. 적절한 환기 시설과 지도자의 움직임이 잘 보일 수 있도록 약간의 무대와 마이크로폰이 있으면 더욱 좋다. 또한 음료수, 휴식 공간, 적절한 조명 및 실내 온도가 유지되어야 한다.

⑦ 지도자

지도자는 수업에 활력을 주는 열쇠다. 지도자는 신체적으로 건강해야 하며 전문성, 태도, 자세, 신체 조건을 갖춰야 한다. 테크닉, 협응성, 리듬감 등을 갖춰야 함은 말할 것도 없다. 능력 있는 지도자는 가르치고 다른 사람들을 돕는데 적극적이어야 한다. 지도자들은 모든 참가자들과 눈을 맞추고 용기를 줌으로써 일치감을 갖도록 한다. 지도자는 참가자들의 이름을 외우고 그들의 신체적인 한계를 통하여 더욱 더 친근해지며 참가자들의 길고 짧은 운동 목적을 조언하여 돕도록 한다.

훌륭한 지도자는 자신의 분야에 있어서 많은 지식이 있어야 하며 필요시에 운동을 조절할 줄 알아야 한다. 마지막으로 지도자들은 커다란 에너지를 발산시킬 수 있어야 하며 참가자들에게 긍정적인 모델로서의 역할이 될 수 있어야만 한다.

2) 운동 효과를 향상시키는 요소

① 적절한 기준을 정해 놓고 현실적인 목표를 세운다.
② 참가자들의 성향과 운동의 필요성, 운동 경력을 알아내어 프로그램을 조정한다.
③ 참가자들의 운동 목적과 스케줄, 개인적 스타일에 가장 잘 맞는 프로그램을 개발한다.
④ 운동 프로그램의 장·단기적인 장점을 명확히 한다.
⑤ 운동 프로그램에 대한 참가자들의 의견을 발표하도록 한다.
⑥ 가능한 한 사회적으로 지지되는 타입의 프로그램을 사용한다.
⑦ 참가자들이 건강한 생활태도의 증진 기회를 갖도록 돌본다.
⑧ 운동프로그램의 적합성에 대하여 재고하여 본다.
⑨ 참가자들이 시간 관리를 할 수 있도록 한다.
⑩ 참가자들이 지속적으로 흥미를 갖고 운동을 할 수 있도록 프로그램을 다양화한다.
⑪ 프로그램은 되도록 즐겁게 만들고 긍정적인 면과 부정적인 모두 다 분석한다.

3) 운동에 참여한 참가자들에게 영향을 주는 요소
① 과거 운동 경력.
② 즐거움.
③ 건강 상태.
④ 운동 환경.
⑤ 다른 사람들로부터의 지원.
⑥ 스스로의 운동에 대한 열성.
⑦ 운동 습관.
⑧ 운동 지식.
⑨ 운동 태도.
⑩ 훌륭한 지도.

4) 레크리에이션 지도자의 자질
① 의사전달 능력과 의사결정 능력.
② 도덕적 품성과 활발한 성격.
③ 확고한 신념과 실천 의지.
④ 칭찬의 미덕과 적절한 활동 습관.
⑤ 조직의 목표 달성을 위해 정확한 방향 제시.

5) 레크리에이션 지도자의 역할
재빠른 사고력과 건전한 판단력, 풍부한 상상력과 넓은 지식, 사람에 대한 관심과 배려가 필요한 것이 레크리에이션 지도자의 역할이다.
① 자연스러운 분위기 유도.
② 일정한 규칙 준수.
③ 전원이 참가할 수 있는 행동.
④ 교육적이고 창조적인 내용으로 진행.

7 구술평가 예상문제

01 레크리에이션의 어원에 대해 말해보세요.

'회복하다', '새롭게 하다'는 뜻을 지닌 라틴어의 레크레아티오에서 유래한 것으로 1932년 미국 LA올림픽과 병행하여 제1회 레크리에이션 회의가 처음으로 개최되었고, 이때부터 '레크리에이션' 용어가 국제적으로 알려지게 되었다.

02 레크리에이션의 정의를 말해 보세요.

여가나 자유 시간에 개인적이나 집단적으로 하는 여가 선용으로 자유롭고 즐거운 활동을 말한다.

03 레크리에이션의 기능에 대해 말해 보세요.

심신의 피로회복, 치료, 친교, 교육, 사회봉사, 창작의 기능, 체력단련, 자아 발견 등의 기능을 가지고 있다.

04 레크리에이션의 기본에 대하여 말해보세요.

① 개인적, 집단적 여가 활동의 형태를 가진다.
② 가치를 지닌 활동이다.
③ 동기의 중요성이 있다.
④ 사회문화적 영향을 받는다.

05 레크리에이션의 중요성에 대해 말해보세요.

① 자연스러운 인간적인 만남을 할 수 있게 해준다.
② 건전하게 스트레스를 해소할 수 있게 해준다.
③ 상호협력 할 수 있는 정신력을 갖게 해 준다.
④ 인간이 창조적인 기능을 할 수 있게 해준다.
⑤ 기분의 재창조로 새로운 기분을 갖게 해준다.
⑥ 인간 개인의 성격을 재창조하고 사회분위기를 재창조한다.
⑦ 사회분위기를 재창조하는 역할을 한다.

구술평가 예상문제

06 레크리에이션 지도자의 자질 요건에 대해 말해보세요.
인격적 자질(인권 존중), 교양적 자질(언어, 품위, 품성), 기능적 자질(전문가)이 필요하다.

07 레크리에이션 프로그램 작성 시 유의점에 대해 말해보세요.
대상의 연령, 성별, 인원수, 흥미와 장소, 모임의 성격과 목적 등을 고려해야 한다.

08 야외 레크리에이션 시 유의사항은 무엇인지 말해보세요.
프로그램 목적에 맞는 장소인가, 시기는 적절한가, 참가자의 인원 및 자격 결정, 장소 접근성, 안전 대책, 현장 답사 및 일기예보 확인 등 사전 준비를 철저히 한다.

09 노인 야외 수업시 주의사항에 대해 말해보세요.
① 일기예보를 미리 확인하고 우천 시에 대비한다.
② 자외선이나 미세·초미세먼지 상태를 미리 확인한다.
③ 안전에 유의한다.
④ 음료를 충분히 준비한다.
⑤ 쉬는 시간을 적절히 조절한다.
⑥ 소리가 충분히 전달될 수 있도록 음향장치를 준비한다.

10 노인 레크리에이션을 실시할 때 주의점에 대해 말해보세요.
① 제일 중요한 건 안전과 위생이다.
② 말을 천천히 또박또박 한다.
③ 휴식을 취하면서 한다.
④ 칭찬을 많이 한다.
⑤ 신체적, 정신적 능력을 고려하여 너무 복잡한 활동은 피한다.
⑥ 친절과 열성을 보인다.
⑦ 개인적인 관심을 보인다.

11 **악기가 없는 상태에서 노래 지도 시 유의점을 말해 보세요.**
   ① 시작을 명확히 하고 첫음절을 잡는다.
   ② 중간 중간 노래가사를 알려주거나 노래를 같이 부른다.
   ③ 동작을 활용할 경우 충분히 연습시키고 강의식 대형과 원형 대형을 구별하여 지도한다.
   ④ 처음부터 끝까지 멜로디를 익히고 어려운 부분은 집중 연습시킨다.
   ⑤ 노인 대상의 경우 참가자에게 악보를 나눠주고 후 한 소절씩 선창을 하고 따라 부르게 한다.
   ⑥ 처음부터 끝까지 반복해서 지도한다.

12 **음향장치 앰프의 바른 사용법에 대해 설명하시오.**
   ① 앰프 설치 시 전력 확보가 중요하며, 통풍이 잘 되는 장소에 설치해야 한다.
   ② 앰프는 자외선을 피하고 2시간 정도 사용 후에는 전원을 끄고 열을 식혀준다.
   ③ 앰프는 기기 중 가장 뒤에 켜고, 끌 때는 가장 먼저 꺼야 한다.
   ④ 행사 진행 전 레퍼런스 CD 등으로 워밍업을 시킨다.
   ⑤ 음향조절 시 소리를 제일 낮게 하고 맞춘다.

13 **야외에서 마이크 사용법을 말해 보세요.**
   ① 앰프와 스피커 볼륨에 맞춰 입에서 적절히 떼어서 사용한다.
   ② 하울링이 날 때는 마이크를 스피커에서 멀리 이동하거나 입에서 멀리 떨어뜨린다.
   ③ 본인의 목소리에 맞는 트러블 및 베이스 강도를 조절하여 사용한다.
   ④ 마이크를 잡는 위치를 적절하게 하고 머리를 잡지 않도록 한다.

14 **노래 율동 시 주의사항에 대해 말해보세요.**
   자신 있게 하고 밝은 표정으로하고 동작은 크지 않고 단순하게 한다. 혐오스런 동작은 피하고 첫 음정을 잘 잡아주고 시선은 손끝으로 모으고 시작 멘트를 한다.

구술평가 예상문제

15 레크리에이션이 노인에게 미치는 영향은 무엇인가요?
사회에 소외되고 신체적 활동이 제한되는 노인들에게 신체 활동을 할 수 있게 하여 심신을 더욱 건강하게 만들고, 스트레스를 해소하는 역할을 하며 여러 사람들과의 유대 관계를 통해 삶의 질을 향상하고 삶에 활력을 준다.

16 노인 운동의 필요성에 대해 말해보세요.
노화에 따른 신체적 변화는 자연히 체력 저하로 이어진다. 적절한 신체 활동과 규칙적인 운동을 통하여 노인의 건강을 유지·증진시키기 위해서는 심폐지구력, 유연성, 근력을 증진시킬 수 있는 운동을 실시하여야 한다.

17 노인 레크리에이션의 필요성에 대해 말해보세요.
사회에서 소외되고, 신체적 활동이 제한되고 있는 노인들에게 레크리에이션은 신체 활동으로 심신을 더욱 건강하게 만드는 것은 물론 스트레스를 해소하고 여러 사람들과 유대 관계를 통해서 삶의 질적 향상과 더불어 동기부여의 효과가 있다.

18 프로그램 작성 요령을 말해 보세요?
대상의 연령, 성별, 인원수, 흥미와 장소, 모임의 성격과 목적 등 고려하여 작성하여야 한다.

19 레크리에이션의 지도 방법은 어떻게 되나요?
① 자신감을 갖고 진행한다.
② 준비를 철저히 한다.
③ 게임 설명은 간단명료하게 하고 시범을 보인다.
④ 항상 '준비'와 '시작' 구호를 정확하게 한다.
⑤ 선의의 경쟁을 시켜가며 진행한다.
⑥ 고른 시선으로 참가자들을 주시하며 진행한다.
⑦ 게임의 끝을 적절하게 결정한다.

20 게임 시 반칙의 대처법을 말해보세요.
① 개인 벌칙보다는 단체 벌칙을 준다.
② 감점 또는 벌점을 주되 반드시 만회할 기회를 준다.
③ 순수한 벌칙보다는 게임화된 벌칙을 준다.

21 노인의 특성에 대하여 말해보세요.
① 신체적 특성 – 감각기능 저하, 만성퇴행적 질병 증가, 소화 및 생물학적 기능 퇴화.
② 심리적 특성 – 수동적, 우울감, 공격성, 이기심 증가.
③ 사회적 특성 – 사회 활동 및 또래 활동에서 고립.

22 레크리에이션 지도 시 분습법, 전습법 중 무엇이 좋을까요?(전습법)
① 전습법–학습 내용을 처음부터 끝까지 한 번에 학습하는 방법.
② 분습법–학습 과제를 몇 개의 부분으로 나누어 학습하는 방법.

23 리더십의 종류를 말해보세요.
권위적 리더십, 민주적 리더십, 방임적 리더십

24 레크리에이션 댄스의 종류를 말해보세요.
포크댄스, 라인댄스, 줌바댄스, 스포츠댄스, 차차댄스, 실버댄스, 밸리댄스.

25 레크리에이션 지도시 가장 기본적인 지도 과정이 무엇인지 말해보세요.
스팟과 아이스브레이킹.

26 웃음 치료가 노인에게 미치는 영향에 대해 말해보세요.
신체적, 심리적, 사회적으로 기능이 떨어진 노인들에게 재미와 웃음을 주는 웃음 치료를 통하여 신체의 신진대사를 원활하게 하고 행복한 기분을 들게 하여 삶의 질을 높여준다.

구술평가 예상문제

27 게임의 종류에 대해 말해보세요.
박수, 파트너, 반대, 안마, 가위바위보, 바꿔, 노래, 관람, 빙고 게임 등.

28 레크리에이션 프로그램 지도 요령에 대해 말해보세요.
① 자신감을 갖고 진행한다.
② 준비를 철저히 한다.
③ 게임 설명은 간단명료하게 하고 시범을 보인다.
④ 항상 '준비' 와 '시작', '그만' 구호를 정확하게 한다.
⑤ 선의의 경쟁을 시켜가며 진행한다.
⑥ 고른 시선으로 참가자들을 주시하며 진행한다.
⑦ 게임의 끝을 적절하게 결정한다.

29 레크리에이션의 역할에 대해 말해보세요.
① 자연스러운 인간적인 만남을 할 수 있게 해준다.
② 건전하게 스트레스를 해소할 수 있게 해준다.
③ 상호협력할 수 있는 정신력을 갖게 해 준다.
④ 인간이 창조적인 기능을 할 수 있게 해준다.
⑤ 기분의 재창조로 새로운 기분을 갖게 해준다.
⑥ 인간 개인 성격을 재창조하는 역학을 한다.
⑦ 사회분위기를 재창조하는 역학을 한다.

30 고원 현상이란 무엇인가요?
어느 수준까지 증가하던 학습 효과가 학습자 및 환경의 다양한 변화 등으로 더 이상 발전하지 않고 정체되어 있는 현상이다.

31 우천 시 노인 수업을 어떻게 하는 것이 좋은가요?
일기예보를 잘 확인하고, 만약 수업 중에 비가 오면 질서정연하게 실내로 들어갈 수 있도록 안전에 각별한 주의를 기울여야 한다. 또한 우천에 대비한 다른 프로그램을 준비하도록 한다.

32 노인 레크리에이션 프로그램 구성 시 유의할 점을 말해보세요.

게임 원리를 이해하고 성별, 연령, 장소의 조건에 맞추어 설계해서 생리적 변화, 체력의 저하, 감각 기능 등의 감퇴 등을 고려하여 안전하고 재미있는 프로그램을 구성해야 한다.

33 지속적인 수업을 위한 지도자의 역할을 말해보세요.

지도자는 참여자가 수업에 몰입할 수 있도록 동기 유발이 능력을 갖추고 노인들이 실천 가능한 동작으로 호응도를 높여서 적극적인 자세로 수업을 진행한다.

34 노인의 신체적 특징을 말해보세요.

근육량의 감소 및 근육의 위축, 골밀도의 감소, 면역기능 저하, 신장의 감소, 관절과 발바닥 변형, 삼각근 무게 감소로 어깨 넓이의 감소, 복부 지방과 골반직경의 증가. 근육량 감소, 피부의 주름, 머리카락의 희어짐, 시력과 청력의 감소, 노인성 질환으로 오는 신체불균형 등이 있다.

> ※ 노인의 신체적 특성: 생리적 기능 감퇴, 질병 이환율의 가능성.
> ※ 생리적 노화 : 세포수 감소, 조직 단백의 변성, 조직의 위축, 대사량 감소, 칼슘 대사 이상 등.
> ※ 병적 노화 : 신경, 심폐, 소화, 신장, 골격계 질병.

35 노인의 심리적 특성을 말해보세요.

고독감과 소외감으로 인한 우울증, 과거 지향적이며 미래의 불확실성에 대한 불안감, 권력 상실, 경제, 죽음의 공포, 지능력 감소로 의존성이 높아지는 특성이 있다.

36 노인의 사회적 특성을 말해보세요.

역할의 변화, 권력과 권위 축소, 경제력의 상실로 대인 관계가 소극적이 된다. 경제적 위축, 신체적 기능, 즉 건강의 쇠퇴로 사회적 문화적 관계가 축소된다.

37 치매 노인에 대한 레크리에이션 지도 방법에 대해 말해보세요.

① 일반 노인들보다 더 쉽게 지도한다.
② 보호자 연락처를 꼭 알아둔다.
③ 노인 한 분 한 분에 대한 주의를 기울인다.
④ 인지와 기억력 향상에 도움이 되는 프로그램을 준비한다.
⑤ 말을 천천히 또박또박하게 한다.
⑥ 이름표를 단다.

38 노인 수업 시 안전사고 발생에 따른 대처 방법을 순서대로 말해보세요.

① 의식이 있는지 없는지 먼저 확인한다.
② 주변에 도움을 요청하고 119에 신고하고 발생 장소, 상황을 설명한다.
③ 다시 의식이 있는지 확인하고 의식이 있을시 119에서 시키는 대로 안전응급처치를 실시하고 의식이 없을시 심폐소생술을 실시한다.

39 프로그램 운영 시 지병이든 아니든 몸이 불편을 호소하는 노인들에게 강사는 어떤 조치를 취해야 할까요?

먼저 안전한 장소에서 휴식을 취하게 하고, 투약 여부를 확인하고, 센터 담당자나 보호자에게 연락을 취한다.

40 단체 레크리에이션 활동 시 유의점을 설명하세요.

① 소집단으로 묶어 개인 간 유대를 강화하고 소속감을 증대시킨다.
② 목표 과제(미션)를 부여하여 몰입도를 높인다.
③ 게임의 결과와 함께 과정을 강조하는 운영이 좋다.
④ 가급적 많은 참가자를 유치할 수 있는 프로그램을 준비한다.

41 레크리에이션 벌칙 부여 시 유의점은 무엇인가요?

① 개인에게 수치심을 줄 수 있는 벌칙은 주지 않는다.
② 개인보다는 단체에게 벌칙을 주는 쪽이 좋다.
③ 벌칙은 잘 할 수 있는 것을 선택하게 한다.

42 지도자가 사전에 준비해야 할 사항은 무엇인가요?

① 행사자의 연령에 맞게 적당한 장소를 선택 한다.
② 안전사고에 대비한다.
③ 행사가 끝난 다음에 평가한다.
④ 활동적이고 명랑한 분위기를 만들기 위해 노력한다.
⑤ 진행 계획을 미리 문서로 작성해 둔다.
⑥ 돌발 상황에 대한 임기응변에 능해야 한다.

43 심폐소생술에 대해 설명해 보세요.

목적 : 심장이 뛰지 않고 호흡이 약하거나 없는 경우 인공적으로 혈액을 순환시키고 폐에 산소를 공급해 호흡이 돌아오게 한다.

단계 : 반응 확인 → 도움 요청 → 가슴 압박 → 기도 유지→ 인공호흡 → 가슴 압박과 인공호흡 30:2 비율 유지 → 회복자세 / cf 손으로만 하는 심폐소생술(일반인이 실시)은 인공호흡은 하지 않고 가슴압박만을 시행한다.

> ※응급처치 : 다친 사람이나 급성질환자에게 사고 현장에서 즉시 취하는 조치로 119 신고부터 하고 난 후 부상이나 질병을 의학적 처치 없이도 회복될 수 있도록 도와주는 행위.

44 놀이와 스포츠의 차이점을 말해보세요.

놀이는 규칙이나 규율이 없이 자유스러운 신체 활동을 말하고, 스포츠는 일정한 규칙이나 규율에 의해서 행해지는 것을 말한다.

구술평가 예상문제

45 여가와 레크리에이션의 차이점을 말해보세요.

레크리에이션은 각자가 선택한 활동에서 만족하고, 사회적 문화적으로 받아들여지는 건전한 활동이고, 여가란 자유 재량 시간에 스스로 선택한 불건전한 활동까지 포함한다.

46 리더십이란 무엇인가.

우리말의 지도력 혹은 지도자의 정신을 뜻하며 개인이 집단구성원에게 조직의 목표 달성을 위해 영향을 미치는 과정으로 태도나 행동을 바뀌게 하는 것을 말한다.

47 레크리에이션의 종류에는 어떤 것이 있는지 말해 보세요.
① 지적 레크리에이션 : 독서, 시낭송, 퀴즈게임, 웅변, 연설, 창작 등.
② 예능적 레크리에이션 : 미술, 연극, 음악, 인형극, 영화감상.
③ 신체적 레크리에이션 : 낚시, 하이킹, 등산, 소풍, 스포츠 등.
④ 관광적 레크리에이션 : 명승지, 고적답사, 여행 등.
⑤ 게임의 종류 : 쉬이직 레그 미둑, 시진, 카드놀이, 홍논이, 탕구 등.

48 노인 야외 레크리에이션 활동 시 지도 방법을 설명하세요.
① 노인이 안전하게 활동할 수 있는 장소를 선정한다.
   (병원 접근성, 화장실, 이동거리 등)
② 격렬한 신체적 활동이 수반되는 프로그램은 지양한다.
③ 개인보다는 전체가 참여하는 프로그램을 구성한다.
④ 활동에 알맞은 날씨를 선택하여 운영한다.

49 야외 레크리에이션 활동 시 지도 방법을 설명하세요.

① 장소에 맞는 안전수칙을 정한다.
② 지도자, 스텝, 멘토, 멘티별 매뉴얼을 제작하여 교육한다.
③ 일기 변화에 대처하는 대체 프로그램 및 방안에 대한 사전 준비를 한다.
④ 격렬한 신체적 활동이 수반되는 프로그램은 지양한다.
⑤ 행사 장소에 부합하는 안전한 프로그램을 기획한다.
⑥ 큰 행사에는 인근병원 연계 및 간호사를 배치한다.
⑦ 주의가 집중되는 게임 위주로 운영하되 과열되지 않도록 조절한다.

기본지식과 실전정보

 기본 지식과 실전 정보

01 스팟

첫 만남에서 분위기를 압도하여 참여자들로부터 호기심과 기대감을 갖게 하는 것을 말한다. 강사가 분위기 조성과 전환을 위하여 잠깐 사용하는 유머나 흥미유발 요소들을 모아서 활용하는 것으로 예를 들면 왼손을 들면 박수를 치고 오른손을 들면 함성을 지르게 하는 등의 활동이다.

① 인사 스팟 : 인사말을 하면서 관심을 유도한다.
② 퀴즈 스팟 : 김밥이 죽으면?(김밥천국), 깨가 죽으면? (주근깨), 깨가 똘똘 뭉쳐 있으면?(함께)
③ 게임 스팟 : 상대방 어깨 주무르면서 몸 돌리기 등.
④ 실버 레크리에이션 스팟이란? : 스팟을 통한 웃음으로 서로 간에 경계의 벽을 허물고 서로를 이해하며 즐거운 느낌을 공유하도록 개입하는 기술이다.

02 노인 스포츠 지도사 관련 근거

- 국민체육진흥법 제11조(체육 지도자의 양성), 제12조(체육 지도자의 자격 취소).
- 국민체육진행법 시행령 제8조(체육 지도자의 양성과 자질 향상), 제11조의 3(연수 계획).
- 국민체육진흥법 시행규칙 제4조(자격 검정의 공고 등), 제23조(체육 지도자의 자격 취소).

03 노인의 신체적, 정신적 변화에 따른 운동 방법

신체의 전반적인 기능 감소, 지능 및 기억력 감퇴로 인한 신체적, 정신적 변화를 개선시킬 수 있는 운동 프로그램으로 지도한다.

04 노인 운동 지도 시 주의사항

노화에 의해 골밀도가 감소하므로 이러한 변화를 고려하여 운동을 지도한다 (근육량이 감소하고 뼈, 수분 손실이 있으며 체지방이 축적되는 변화를 나타낸다).

05 노인의 정의

사회적 정의에 의하면 노인복지법상 65세 이상인 자를 노인이라 정의하고 있다.

06 노화의 정의

라틴어 〈aetas〉에서 기원된 것으로 늙게 되는 상태를 말한다. 나이가 들어감에 따라 생식력 감퇴와 사망률의 증가가 동반되는 진행성 기능 상실로 정의될 수 있다.

07 치매 환자 지도방법

건강한 식습관과 생활 습관을 지키도록 하고, 절주, 금연 등이 생활화 되도록 한다. 취미 활동이나 소일거리를 지속적으로 하게 하며 체력에 맞는 운동을 꾸준히 한다. 환자가 안정을 취할 수 있도록 규칙적인 생활을 돕는 것이 좋다. 스스로 할 수 있는 일들은 스스로 할 수 있게 해주고, 환경을 개선(단순하고 구조화되어 있으며 안정적인 환경제공)하여 준다. 인지능력 향상과 운동을 접목시켜서 뇌와 신체를 동시에 강화시키는 지도 방법(코크니사이즈)을 사용한다.

08 레크리에이션 필요성

여가 선용을 목적으로 하며 스트레스로 인한 몸과 마음의 피로를 회복하고 창조적이고 적극적인 분위기를 만들어 리더십을 획득하고, 인간 관계의 개선과 행복한 삶을 추구하기 위한 활동이다.

09 레크리에이션 본질적 요소와 가치

사회적으로 건전하게 용납되어야 하고, 여가 시간에 자발적으로 할 수 있으며 자기 만족이 있어야 한다.
① 할 만한 가치가 있는 일(worth - while).
② 사회적으로 용납될 것(social - accepted).
③ 여가 시간에 행해 질 것(Leisure).
④ 만족을 느낄 수 있을 것(Satisfaction).
⑤ 자발적(스스로)으로 행하여 질 것(Voluntary).

10 노인 레크리에이션 시 주의할 점
① 장애물이 될 수 있는 물건들을 치우고 주변을 잘 정리한다.
② 운동 전 후 건강 상태 확인하고, 필요에 따라 의학적 검사를 통해 질병의 유무를 확인한다.
③ 운동 시작 전 준비 운동과 운동 후 정리 운동을 잘한다.
④ 혈압 상승의 위험이 있는 동작은 피하고, 부담감이 낮은 운동을 선택한다.
⑤ 운동은 효과보다 안전을 우선 고려하고 운동량보다 운동 빈도를 높이는 것이 좋다.
⑥ 급격한 방향 전환, 회전 운동, 점프 동작 등 과격한 운동을 금하고, 개인차를 고려해서 지도한다.

11 노인레크리에이션 지도 시 어떤 리더여야 할까? (민주적 리더)
레크리에이션 지도자의 자질 조건 - 인격적 자질(인권 존중), 교양적 자질(언어 · 품위 · 품성), 기능적 자질(전문가)

12 악보가 주어졌을 때 노인들을 어떻게 지도할 것인가?
노인들은 시력과 청력이 약하므로 느리게 한 소절씩 잘라 따라하게 하고 마지막에 전체 곡을 함께 부르게 한다.

13 악보가 없을 때 노래 지도법

첫 음을 잡아주고 첫 소절을 알려주고 시작하게 한다. 시작을 알려주고, 중간 중간에 가사를 알려준다.

14 악보는 있고 멜로디는 모를 때 지도 방법

참가자에게 악보를 나눠준 상태에서 한 소절씩 선창한 후 후창 시키는 형식으로 처음부터 끝까지 멜로디를 익히고 반복해서 시키며 어려운 부분은 집중 연습시킨다.

15 악기가 없는 상태에서 노래 지도 시 유의점

① 첫 음절을 잡아주고 시작을 명확히 알려준다.
② 중간 중간에 노래 가사를 알려주고, 노래도 불러준다.
③ 동작을 활용할 경우, 충분히 연습시키고 강의식 대형, 원형 대형을 구별하여 지도한다.

16 레크리에이션의 지도 시 염두에 두어야할 사항

① 철저히 준비하고 선의의 경쟁을 시켜가며 진행한다.
② 자신감을 갖고 진행하고 열정적으로 진행한다.
③ 게임 설명은 간단명료하게 하고 시범을 보인다.
④ 항상 '준비'와 '시작' 구호를 사용한다.
⑤ 고른 시선으로 참가자들을 주시하며 진행한다.
⑥ 게임의 끝을 적절하게 조절하며 마친다.

17 리더십이란?

리더십이란 우리말의 '지도력' 또는 '지도자의 정신'을 뜻하며 개인이 집단 구성원에게 조직의 목표 달성을 위해 영향을 미치게 되는 과정으로 태도나 행동을 바꾸게 하는 것을 포함한다.

18 단체 레크리에이션 시 주의사항
① 소외되는 참여자가 없게 프로그램을 구성한다.
② 성별과 연령에 맞는 프로그램을 구성한다.
③ 모임의 성격과 목적에 부합한 프로그램을 구성한다.

19 참여자들이 강의식으로 앉아 있을 시 지도자는 어떤 방향을 보고 지도해야 하는가?
대상자들이 오른쪽으로 시작하므로 지도자는 대상자들이 보이는 왼쪽방향으로 진행한다.

20 레크리에이션 지도 시 유의할 점
프로그램을 끊임없이 잘 진행시키고 있는지, 프로그램을 잘 숙지하고 즐기면서 진행하고 있는지 확인한다.

21 레크리에이션 진행 시 방관자의 대처 방법
프로그램의 도우미로 활용하거나 역할을 부여하여 집중할 수 있게 한다.

22 레크리에이션이란?
일상에서 시달린 마음과 몸의 피로를 게임과 유희, 취미 활동을 통하여 회복함으로써 심신을 회복하고 창조적이며 긍정적인 결과를 가져오도록 하는 것이다. 다양한 정보와 기능을 습득하고, 자기 표현의 기회로 대인 관계 유지 및 새로운 사회적 네트워킹을 형성하도록 하는 역할을 한다.

23 현대 사회에 있어서 레크리에이션의 기능
① 여가 선용을 위한 지식, 기능, 방법, 습관을 갖추어야 한다.
② 자기 표현의 기회를 갖는다.
③ 인간 관계 형성 및 개선의 역할을 한다.
④ 스트레스를 해소한다.
⑤ 심신의 안정과 체력 향상을 시킨다.

24 국민 생활에 미치는 레크리에이션의 역할
① 생산 능력의 향상.   ② 행복의 추구.   ③ 교양 및 인격의 향상.

25 여가 활용
① 자유에 바탕.   ② 희열과 만족.   ③ 자기 발전.

26 노인 운동의 목적과 필요성
노인 운동은 정서적인 안정에도 긍정적 영향을 미쳐 불안과 우울을 개선하여 노년에 삶의 질을 높여주는 가장 기본적인 건강한 삶을 유지하기 위한 것이다. 생활의 활력소, 노인의 체력 증진. 만성질환 및 사망률 감소에 중요한 역할을 하며 심폐지구력, 근력, 협동성, 유연성, 근지구력 향상에 큰 역할을 한다.

> 노인 운동 지도 시 필요한 요소
> - 정확한 의사 전달.
> - 정확한 지도 방법.
> - 노인 운동건강에 대한 전문적인 지식.
> - 긍정적 피드백.

27 노인 스포츠와 노인 스포츠 지도사
노인의 신체적·정신적 변화 등에 대한 지식을 갖추고 본인의 자격 종목에 대하여 노인을 대상으로 하는 스포츠이다.

28 노인 스포츠 지도사가 갖춰야 할 조건
① 신체적 건강과 전문성이 필요하다.
② 노인에 대한 관심과 배려가 있어야 한다.
③ 정확한 의사 전달을 위해 노력한다.
④ 활달하고 강인한 성격을 가지고 있어야 한다.
⑤ 도덕적 품성을 갖추도록 한다.

29 노인 체육 활동 지도 원칙
자발성을 중시해야하고 일상 생활에 준해서 수준에 맞는 프로그램을 구성한다. 지역성을 고려한 통합적인 것이어야하고 개인의 흥미 역시 중요하다.

30 레크리에이션이 노인에게 미치는 영향
사회에서 역할이 줄어들고 신체적 활동 역시 줄어들고 있는 노인들에게 레크리에이션은 신체 활동을 통해 심신을 더욱 건강하게 만드는 것은 물론 스트레스를 해소하고 여러 사람들과 유대관계를 통해서 삶의 질적 향상과 동기 부여의 효과가 있다.

31 치매 레크리에이션이란?
치매란 뇌의 신경세포에 이상이 생겨서 나타나는 하나의 뇌 질환이며, 이러한 치매를 미리 예방하고, 인지 기능과 신체 기능을 개선시켜, 치매의 진행을 지연시키고, 더 심각해지지 않도록 하는 활동이다. 건강 증진, 신체적, 정신적, 사회적 행동을 바람직하게 변화시키는 것이다.

32 치매 레크리에이션 지도 방법 (노인 운동 프로그램 방법)
① 규칙적인 운동, 편한 복장, 충분한 수면, 건강한 식습관으로 생선과 야채를 주식단으로 한다.
② 지나친 음주와 흡연을 삼가한다.
③ 심폐지구력, 근력, 유연성 등의 개선을 통해 신체 활동 능력을 향상시킨다.
④ 근 피로 제거와 관절, 근력 강화를 위한 스트레칭을 한다.
⑤ 호흡 순환 기능의 향상을 위한 유산소 운동을 한다.
⑥ 낮은 강도에서 점차 강도를 증가시키고 운동 단위를 짧게 자주 반복한다.
⑦ 운동량을 줄이고 운동 빈도를 늘리는 것이 효과적이다.

33 프로그램 작성 요령
대상의 연령, 성별, 인원 수, 흥미도와 장소, 모임의 성격과 목적 등 고려해서 작성한다.

34 레크리에이션의 사회성

레크리에이션 활동을 통해 다른 사람과 사귐의 기회를 만들고 기존의 구성원들과의 관계를 개선해서 사회 활동의 영역을 넓혀나가는 것을 의미한다.

35 노래 율동 시 주의사항

자신 있게 지도한다. 밝은 표정으로 동작은 가급적 크게하고 첫 음정을 잡아주고, 시작 구호를 붙인다.

36 스트레칭의 목적

스트레칭은 굳어진 신체를 풀어줌으로써 신진대사를 활발하게 하고 부상을 예방하는 것은 물론 유연성을 길러주고, 건강한 몸을 이루는데 가장 기본적인 운동이면서 가장 중요한 운동이다.

37 준비 운동의 효과

체온을 상승시켜 운동 중 부상을 예방하고, 근육의 수축과 이완을 원활하게 한다.

38 노인 체육의 필요성

① 노인 인구의 빠른 증가로 인한 고령화 사회가 되어가고 있다.
② 노인의 역할 상실과 부양의 부담에 따른 활동이 필요하다.
③ 노인 보호 문제, 여가 시간의 활용, 노인 건강 문제 등 많은 문제들을 수반하고 있어 활동적인 체육 활동을 통한 여가 시간의 적극적 소비는 생활 만족도를 높이는데 매우 중요한 요소이다.

39 노인의 낙상 사고 예방법

① 신체의 균형 감각을 올리는 운동을 한다.
② 복용하고 있는 약이 있다면 최소 1년에 한번은 병원에 가서 복용하는 약물을 검토해 봐야 한다. 항우울제, 신경안정제, 수면유도제와 같은 정신에 영향을 주는 약물은 어지럼증을 유발해 낙상의 위험을 증가시킬 수 있다.

③ 시야가 흐릿하면 낙상사고의 위험이 커지기 때문에 주기적으로 안과 검진을 받는 것이 중요하다.
④ 녹내장, 백내장이 있을 경우 가능한 빨리 치료하는 것이 필요하며 평지나 계단을 걸을 때 다초점 렌즈를 착용하지 않는 것이 좋다.
⑤ 욕실 바닥이 미끄럽지 않도록 미끄럼 방지 매트를 깐다.
⑥ 신발은 굽이 높고 불안정한 신발보다는 미끄럽지 않고 안정적인 신발을 신는다.

40 노인의 신체적 특성
생리적 기능이 감퇴되고 질병 이환율의 가능성이 높다.

41 건강의 정의
질병이 없거나 허약하지 않을 뿐만 아니라 육체적, 정신적, 사회적 및 영적 안녕이 역동적이며 완전한 상태를 말한다.

42 노화로 인한 신체적 특성
① 피부 주름.
② 흰머리카락.
③ 시력과 청력의 저하.
④ 근육량의 감소 및 근육의 쇠약감.
⑤ 골밀도의 감소.
⑥ 면역 기능의 저하.

43 노화를 가속 시키는 행동
과도한 운동, 잦은 흡연, 극심한 스트레스, 불규칙한 식사, 태양광선 등이 있다.

44 생리적 노화와 병적 노화
- 생리적 노화는 세포수 감소, 조직 단백의 변성, 조직의 위축, 대사량 감소, 체액량 감소, 칼슘 대사 이상 등이 있다.
- 병적 노화는 신경, 심폐, 소화, 신장, 골격계 질병 등을 들 수 있다.

43 노화의 종류
생리적 노화, 병적 노화, 심리적 노화, 사회적 노화 등이 있다.

46 노화로 인한 정신적 특징
① 지능 및 기억력의 변화가 있다.
② 성격의 변화가 있다.

47 노인 영양의 섭취 방법
① 비타민과 무기질 영양 상태가 높은 식사를 한다.
② 식물성 식품을 풍부하게 함유한 식사를 한다.
③ 식이섬유가 많이 함유된 음식을 주로 하고 콩류, 채소류를 반찬으로 한다.
※ 적정한 수준의 에너지를 섭취하고 적당한 활동으로 에너지를 소모하여 에너지 균형을 맞추는 것이 중요하다.

48 등이 휘어진 사람의 트레이닝 운동법
① 척추의 굴곡, 비틀기, 그리고 갑작스러운 움직임이 포함되는 운동은 피해야 한다. 지면의 반작용 힘을 통한 운동이 관절 반작용 힘을 통해 골격에 스트레스를 주는 운동보다 좋다.
② 약화된 근육을 강화시키고 유연성을 강화시킨다.

49 노인 운동 지도 시 주의 사항
① 노화에 의한 골격계의 생리적 변화로 뼈의 골밀도가 감소하기 때문에 이러한 몸의 생리학적인 변화를 고려하여 운동을 지도해야 한다.

② 근육량이 감소하고 골밀도가 감소하며 수분 손실과 체지방 축적의 변화가 있으므로 고려하여 지도한다.

50 노인 스포츠 프로그램 작성 시 유의할 점
안전을 최우선으로 하여 작성한다.

51 생활체육 지도사의 역할
① 운동 기능 및 지식 전달의 역할을 한다.
② 체육 시설의 관리 및 운영을 한다.
③ 체력 진단 및 운동 처방을 한다.
④ 운동에 대한 긍정적인 인식 정착 역할을 한다.

응급 처치 전 알아두어야 할 사항

※ 동의 없이 응급처치를 행하는 것은 폭력으로 간주 될 수 있으므로 반드시 동의를 구해야 한다.

1) 의식 있는 환자의 응급 처치
- 먼저 의식을 확인한 후 처치자는 자신의 이름과 신분을 말하고 응급 처치 교육을 받았음을 밝혀야 한다. 그리고 앞으로 행할 응급 처치에 대한 설명을 해야 한다. 상황 조치는 우선 119에 신고한 후 진행한다.

2) 의식 없는 환자의 응급 처치
- 환자가 의식이 없을 경우에는 주변의 가족에게 동의를 구하거나 환자의 응급 처치에 동의할 거라고 가정한 상태로 처치를 하여도 무방하다.
  ① 기도를 유지하고 심폐소생술을 시행한다.
  ② 환자가 움직일 때까지 또는 119가 도착할 때까지 심폐소생술을 반복 시행한다.
  (흉부압박 30회 + 인공호흡 2회) 반복.

---

52 응급 상황 시 행동 요령 - 3C
현장 조사(Check) → 119신고(Call) → 처치 및 도움(Care) 순으로 진행한다.

53 응급처치 시 지켜야 할 5가지
① 자신의 안전을 확보한다.
② 자신의 신분을 밝힌다.
③ 환자에 대한 생사의 판정은 하지 않는다.
④ 원칙적으로 의약품을 사용하지 않는다.
⑤ 어디까지나 응급 처치로 그치고 전문 의료 요원에게 처치를 맡긴다.

54 노인 스포츠 지도사란?
노인의 신체적, 정신적 변화에 대한 지식을 갖고 해당 자격 종목에 대해 노인을 대상으로 생활체육을 지도하는 사람을 말한다.

55 노인 운동의 필요성
적절한 신체 활동과 규칙적인 운동을 통해 건강을 유지 증진시킨다.

56 노인 레크리에이션 필요성
사회에서 소외되고 신체 활동이 제한된 노인에게 심신을 더욱 건강하게 하는 것은 물론 스트레스를 해소하여 정서적 안정감을 준다. 여러 사람들과의 유대 관계를 통해 삶의 질적 향상과 동기 부여를 주는 효과가 있다.

57 노인 레크리에이션과 운동 지도 시 주의점

① 안전과 위생이 가장 중요하다.
② 장애물이 될 수 있는 물건 등이 있는지 확인하고 주변 정리를 잘한다.
③ 운동 시작 전 어르신들의 건강 상태를 체크한다.
④ 준비 운동을 한다.
⑤ 개인차를 고려하여 지도한다.
⑥ 골밀도가 많이 약해져 있으므로 낙상 예방을 위한 프로그램에 초점을 맞춘다.
⑦ 적당한 템포의 부담감 없는 운동부터 시작한다.
⑧ 너무 과격한 운동은 삼가한다.
⑨ 말은 천천히 또박또박하여 잘 전달되도록 한다.
⑩ 중간 중간 휴식을 취하면서 진행한다.
⑪ 칭찬, 친절, 열성을 잊지 말아야 한다.
⑫ 넘어지지 않도록 배려한다.
⑬ 안전성을 고려하여 지도한다.
⑭ 각각의 개인적 관심을 보이고 심리적으로 안정될 수 있도록 지도한다.
⑮ 마무리 정리 운동은 필수이다.

58 노인 야외 레크리에이션 활동 지도방법

① 안전장소, 안전수칙, 안전대책이 가장 중요하다.
② 프로그램 목적에 맞는 장소를 선택해야 하고 장소 접근성이 좋아야 하는데 병원, 화장실까지 이동거리도 확인해야 한다.
③ 시기와 참가자 인원을 고려해 현장답사 뿐 아니라 일기예보도 확인한다. 비나 자외선 뿐 아니라 황사, 미세먼지까지도 체크 해야한다.
④ 혹시 날씨 변화가 있을지 모르니 대체 프로그램도 준비한다.
⑤ 너무 격렬한 프로그램은 피한다.
⑥ 쉬는 시간을 적절히 조절해야하고 충분한 음료, 소리 조절을 위한 스피커도 준비한다.
⑦ 개인보다는 전체가 참여하는 프로그램으로 구성한다.

59 지도력이란?
한 집단을 구성하고 있는 구성원들에게 명령보다는 자율을, 지시나 강제성 보다는 격려와 동기 유발을 통해서 집단의 목적 달성을 이룩하는 능력을 말한다.

60 치매 환자의 지도법은?
① 건강한 식생활 습관을 유지한다.
② 취미 활동이나 소일거리를 지속한다.
③ 체력에 맞는 운동을 꾸준히 한다.
④ 스스로 할수 있는 일들은 스스로 할 수 있게 도와준다.
⑤ 인지와 운동을 접목시켜 뇌와 신체를 동시에 강화시키는 지도를 한다.

61 치매 노인 레크리에이션 지도 방법
① 일반 노인보다 더 쉽게 지도한다.
② 보호자의 연락처를 꼭 알아두고 이름표를 단다.
③ 노인 한 분 한 분에 대한 주의를 기울인다.
④ 인지와 기억력에 대한 부분을 더 지도한다.
⑤ 말은 천천히 또박또박 한다.

62 노인 낙상 사고 예방법
① 신체 균형 감각을 올리는 운동을 한다.
② 1년에 한번 이상 복용하는 약물을 검토한다.
③ 안과 검진을 자주 한다.
④ 욕실 바닥 미끄럼 방지 매트를 깐다.
⑤ 미끄럽지 않고 안정적인 신발을 신는다.
⑥ 조명에 신경을 쓴다.

63 웃음 치료가 노인에게 미치는 영향
재미와 웃음을 주는 웃음 치료는 신체의 신진 대사를 원활하게 하고 행복한 기분을 들게 하여 삶의 질을 높여준다.

64 우천 시 노인 수업은 어떻게 진행하여야 할까?

일기 예보를 잘 확인하고 수업 중 비가 온다면 질서 정연하게 실내로 들어갈 수 있도록 안전에 각별히 주의를 기울여야 한다.

우천 시 대비하여 다른 프로그램을 준비해 놓는다.

65 노인 응급 처치 방법

① 의식이 있는지 없는지 먼저 확인한다.
② 주변에 도움을 요청하고 119에 신고 정확한 상황 설명한다.
③ 다시 의식이 있는지 확인하고 의식이 있을 시 119에서 시키는 대로 응급처치 실시, 의식이 없을 시에는 심폐소생술을 한다.

66 프로그램 운영 시 지병이든 아니든 몸의 불편을 호소하는 노인이 있다면?

먼저 안전한 장소에서 휴식을 취하게 하고 약 복용 여부를 확인한 후 센터 담당자나 보호자에게 연락을 취한다.

※ 노인 프로그램 진행 시 70~80% 이상 참석을 해야 만족할 수 있는 수업이라 할 수 있다.

67 건강이란?

질병이 없거나 허약하지 않을 뿐 아니라 육체적, 정신적, 사회적 및 영적 안녕이 완전한 상태를 말한다.

68 노인의 특성

- 신체적 특성 : 감각 기능이 퇴화하고, 만성 질병이 증가한다. 또한, 생리적, 생물학적 기능이 저하된다.
- 심리적 특성 : 수동적이고 공격적이며 우울감을 자주 호소한다. 고독함에서 오는 소외감을 자주 느끼며 이기심이 점차 증가한다. 과거지향적이고 죽음에 대한 공포에서 오는 불안감이 커지면서 의존성이 증가한다.
- 사회적 특성 : 사회 활동 및 또래 활동에 대한 관계가 줄어들면서, 대인 관계에 소극적이 된다.

69 놀이의 특성
- 허구성, 비생산성, 자율성, 쾌락성 등을 들 수 있다.
- 인간의 기초적인 행위이며 문화의 기초이다.
- 경쟁적 요소 없이 단순히 즐기기 위한 것이다.

70 게임의 특성
- 허구성, 비생산성, 전문성, 경쟁성, 규칙성, 불확실성, 신체 활동성 등의 특징이 있다.
- 상호간 규칙을 지키며 목표를 달성하기 위해 경쟁을 한다.
- 경쟁적 요소가 가미되어 놀이보다 박진감이 넘치고 참가자들의 적극적인 활동을 이끌어 낸다.

71 스포츠의 특성
표준화, 정형화, 조직화, 합리화.

72 여가의 정의
- **시간적 정의** : 생활 필수 시간과 노동 시간을 제외한 자유 시간.
- **활동적 정의** : 휴식, 기분 전환, 스트레스 해소를 위해 즐기는 자발적인 활동.
- **경험적 정의** : 주관적으로 정의하는 방법.

73 레크리에이션 본질
- 개인적이면서 집단적인 여가활동이다.
- 가치를 지닌다.
- 활동에 관심과 흥미가 있으며 욕구가 있다.
- 자발적이다.
- 만족을 느낄 수 있어야 한다.
- 사회, 문화적 용납이 되는 건전한 활동이어야 한다.

※ 레크리에이션은 각자가 선택한 활동에 만족하고 사회문화적으로 받아들여지는 건전한 활동으로 활동적 개념을 말하고 여가란 자유시간에 선택한 불건전한 활동까지 포함한 시간적 개념을 말한다.

74 레크리에이션의 기능과 효과

- 심신의 피로 회복과 체력 증진, 건강 유지의 기능이 있다.
- 자연스러운 인간적인 만남을 통해 상호 협력과 원만한 인간 관계 형성, 사회적응력 향상, 사회 활동 영역 확장 등이 있다.
- 스트레스 해소와 정서적 안정을 준다.
- 창조적인 생각을 갖게 한다.
- 새로운 기분, 새로운 생각, 새로운 사회 분위기로의 재창조 기능이 있다.
- 휴식, 즐거움, 치료, 친교, 교육, 사회봉사, 독립심, 자유감.
- 자기 만족, 자기 표현, 자아 발견, 자아 실현.
- 동심으로 돌아가려는 기회를 부여하고 현실에서의 일시적 탈피로 스트레스를 해소한다.
- 집단의 규범과 질서를 습득하고, 사회적 규범을 새롭게 창출한다.

※ 실제적 기능 : 인간 욕구 충족, 평생 교육, 건강 유지 및 증진, 지역사회 개발, 여가 선용.

※ 레크리에이션 역기능 : 획일화, 모방화, 과시화, 사치화, 향락화, 퇴폐화, 상업화, 중독화.

75 레크리에이션 지도

① 지도 방법

- 자신감을 갖고, 상황에 적합한 리더십을 발휘한다.
- 철저한 준비로 정해진 시간에 시작하고 마친다.
- 자기만의 멘트와 스팟을 준비한다.
- 참가자들에 대한 이해가 필요하며, 분위기를 파악하여 진행한다. 개인의 요구와 개인차를 인정한다.
- 적절한 의사 소통과 자연스러운 프로그램과의 연결을 통해 즐거운 활동이 되어야 한다.
- 게임 설명은 간단 명료하게 하고 시범, 준비와 시작 구호 정확히 한다.
- 멘트, 유머, 애드립, 맞장구, 칭찬을 적절히 사용한다.
- 경쟁과 협동의 조화로운 이용, 선의의 경쟁, 판정은 공평하게, 게임 승패는 분명히 한다.

- 적당한 노래나 댄스를 이용한다.
- 부담 없는 벌칙을 준비한다.
- 고른 시선으로 참가자를 주시하고, 공평하게 관심을 가진다.
- 게임의 끝을 적절히 결정하고, 마무리 멘트는 의미 있게한다.

② **지도 원리**
- 사회적 요구에 적응하고 사람들의 욕구를 만족시킨다.
- 레크리에이션에 대한 올바른 이해가 있어야 한다.
- 적절한 프로그램을 구상한다.
- 결과에 대한 평가를 진행하여 피드백한다.
- 새로운 규정에 그때 그때 적극적으로 대응한다.
- 사회적 가치를 추구 한다.

③ **사전 준비**
- 적당한 장소를 선택한다.
- 안전사고에 대비한다.
- 진행 계획은 미리 문서로 작성하고 끝나고 나면 평가를 진행한다.
- 돌발 상황에 대한 임기응변 능력을 키우도록 노력한다.

④ **전습법/분습법**
- 전습법 : 학습 내용을 처음부터 끝까지 한번에 학습하는 것이다.
- 분습법 : 학습 내용을 몇 개의 부분으로 나누어 학습한다.
- ※ 레크리에이션 지도 접근 방법 : 고객중심적 접근 방법, 심리학적 접근 방법, 형태적 접근 방법, 실제 치료적 접근 방법.

76 레크리에이션 지도자의 조건
① **지도자의 자질**
- 건강, 성실, 전문성, 상황에 따른 리더십 고취.
- 인격적 자질 : 인권 존중.
- 교양적 자질 : 언어, 품위, 품성.
- 기능적 자질 : 지도자의 스킬.

- 외모 : 밝은 표정, 복장, 말투.
- 지혜 : 상식, 통찰력, 옳고 그름의 판단력.
- 인내심, 창의성, 봉사정신, 적극적 자세.
- 친화, 포용력.
- 안내, 상담 가능.
- 프로그램 기획, 홍보, 관리 지도 가능.

※ 지도자의 역할 : 조직자, 지도자, 주인, 코치, 홍보요원, 사무요원, 구급요원, 친구 등
※ 지속적인 수업을 위해 할 일 : 참가자가 수업에 몰입할 수 있도록 하고 호응도를 높여 적극적인 자세로 수업 한다. 꾸준한 평가로 역할 강화.

77 레크리에이션 지도자의 지도 시 유의 사항
- 참가자의 흥미와 욕구를 파악하여 기대에 호응하고 불만사항 파악해 해결한다.
- 명령이어서는 안되며 선도와 협력을 위한 조언을 한다.
- 참가자가 스스로 참여할 수 있도록 유도한다.
- 인내력이 필요하고 페어플레이 정신을 강조한다.
- 친절하고, 열정이며, 유머러스하게 지도한다.

78 리더십
- 무리를 다스리거나 이끌어가는 지도자의 능력이 요구된다.
- 구성원의 태도나 행동을 일정한 방향으로 이끌어 성과를 창출하는 것이다.
- 구성원들로 하여금 조직이나 집단의 공동 목표를 달성하는데 영향력을 행사하는 모든 과정을 이야기한다.

※ 리더십의 종류
① 거래적 리더십 : 구성원들의 업적과 노력에 보상하고 규정이나 관례에 어긋나지 않게 관리.
② 변혁적 리더십 : 구성원들의 조직 문화에 영향을 끼치고 태도나 행동을 변화시키는 영향력.
③ 서번트 리더십 : 리더의 개인적 헌신과 구성원들을 섬기는 것을 강조.
   이 외에도 슈퍼 리더십, 셀프 리더십, 임파워링 리더십, 카리스마 리더십 등이 있다.

79 레크리에이션 프로그램 작성

프로그램 – 레크리에이션 참여를 통해 만족하도록 여가 환경을 조성하고 기획하는 것.

- 프로그램 작성 시 유의 사항 : 연령, 성별, 인원, 흥미, 장소, 모임의 성격이나 목적에 따라 작성한다.
- 프로그램 진행 순서 : 도입 → 전개 → 본게임 → 마무리(공정한 평가, 격려, 칭찬).
- 프로그래밍 과정 : 프로그램 기획 및 철학적 이해 → 참가자 욕구 조사 → 프로그램 목적 및 목표 선정 → 프로그램 기획 → 실행 → 평가 → 피드백.
- 프로그램 작성의 기본 원리 : 평등한 참여 기회 제공, 건설적, 교육적, 창조적인 활동 기회 제공. 기능 습득이 필요하나 강요하지 않는다. 동기 유발, 자아실현, 다양한 프로그램, 안전 사고 및 건강 유의, 몰입, 즐거움, 만족추구, 지속적이고 계획된 평가로 수정 보완한다. 실현 가능한 프로그램을 기획하고, 상황에 따라 능동적이며 유연성 있게 수행 가능하며, 전문가에 의한 개발과 운영, 홍보를 통한 전달이 필요하다.

80 레크리에이션 진행 기술과 자세

- 진행 공포 원인 : 경험 부족, 준비 및 연습 부족, 자신감 부족, 예민한 성격, 완벽주의 성격, 과거 창피했던 경험, 열등감 등이 원인이다.
- 공포 탈출 트레이닝 : 사고 정지 훈련, 마음 이완 훈련, 심상 훈련, 자기암시 훈련을 통해서 이겨낸다.
- 좋은 목소리와 자세 : 목은 바로 세우고 가슴, 어깨, 허리는 자연스럽게 편다. 복식 호흡, 정확한 발음, 자신있고 여유있는 걸음걸이로 밝은 표정으로 공손하게 진행한다.
- 대화의 칭찬법 : 머리형(사실 칭찬), 가슴형(진행자의 마음을 담아 칭찬), 장형(공개적 칭찬, 선물).

- 진행 : 계절 인사, 선물 공세, 직접 대면, 자기 소개, 마술 활용, 효과 활용, 비교 부탁, 동기 부여.
- 진행 시 시선 처리 : 시선은 고르게 하며 빠르게 이동하지 말고 이동하지 말고 3초 이상 머문다. 눈만 돌리지 말고 몸 전체를 돌려 시선 처리하고, 시선이 마주치면 눈인사나 말을 건낸다.
- 유머의 효능 : 의사소통을 원활하게 하고 뇌를 쉬게 하고 창의력을 증진시키며 사기를 진작시킨다.

81 스피치

- 스피치 : 청중과 공감대 형성이 목적이며 자신의 의견을 조리 있게 말하는 것을 말한다.
- 중요성 : 상대방의 가치관을 설득과 주장을 통해 내가 원하는 방향으로 바꿀 수 있으며 자신의 능력을 나타내는 척도이다(정확한 발음과 적당한 목소리가 바탕이 되어야 함).
- 스피치의 6대 원칙 : 강약 변화, 속도 변화, 고조 변화, 쉼, 감정 이입, 목소리 변화.
- 레크리에이션 도중 방관자가 생겼을 경우 : 지도자의 도우미 역할이나 팀 내 리더 역할을 시켜 프로그램에 들어오게 한다.

82 레크리에이션 분류

- 장소와 주체 기관 : 사적(개인), 공적(공공), 상업적, 사교적 등.
- 현대 시점에 의한 분류 : 지적, 예능적(문화예술형), 신체적, 관광적, 취미적, 자기계발형, 사교형, 수집채집형, 요양휴식형, 오락게임형 등.
- 신체적 레크리에이션 : 각종 스포츠
- 사회적 레크리에이션 : 캠핑, 축제, 봉사, 파티, 복지 사업.

83 유형별 레크리에이션

- 아동 : 집중 시간이 짧기 때문에 프로그램을 다양하고 재미있게 구성한다.
- 청소년 : 욕구와 흥미를 잘 파악하고 교육적으로 연결한다.
- 성인 : 개개인을 내세우는 프로그램을 강조하고 흥미롭고 유익하게 진행한다.
- 노인 : 반복 효과를 기대하며 흥미있고 건강 증진에 도움이 되게 한다.

84 야외 및 단체 레크리에이션

- 단체 레크리에이션 주의 사항 : 소외된 사람이 없게 프로그램을 구성한다. 성별, 연령, 인원, 모임의 목적과 성격에 맞는 프로그램을 구성하고, 소집단으로 묶어 유대 강화, 미션을 부여함으로써 몰입감을 높이고, 게임의 결과와 함께 과정을 강조한다.
- 야외 레크리에이션 주의 사항 : 안전한 장소, 안전수칙, 안전 대책 필수, 연령, 인원, 시기의 적절성, 장소 접근성, 현장 답사, 일기예보 확인, 대체 프로그램 준비, 격렬한 신체 활동 지양, 주의 집중 게임 위주로 하되 과열되지 않게 한다.
- 레크리에이션 진행 순서 : 도입(스팟&아이스브레이킹) → 전개(분위기조성, 팀 나누기) → 본 게임 → 관람 게임(개인기) → 대동놀이(화합과 마무리)

85 스팟

2~3분 정도의 짧은 시간에 참가자나 상대방의 주의를 집중시키고 호기심과 기대감을 갖게하여 적극적인 참여를 유도하는 고도의 심리 연출법이다. 프로그램에 대한 관심과 흥미를 갖게 한다.

- 스팟의 종류 : 신체 접촉, 멘트, 함성, 인사하기, 몸풀기, 박수치기, 웃기, 유머, 퀴즈 풀기, 합창.
- 유의 사항 : 본 내용과 연결성이 있고, 청중이 공감하여야 한다. 강요하지 않고, 청중의 질과 수준을 고려하여, 참가자가 손쉽게 할 수 있는 동작으로 시작한다.

기본지식과 실전정보

86 아이스브레이킹

얼음처럼 차가운 분위기를 깨고 활기찬 분위기를 조성한다. 새로운 사람을 만났을 때 어색하고 서먹한 분위기를 깨는 일(스팟의 연장선) 이다. 마음을 열어 프로그램에 적극적이고 자발적으로 참여하게 한다.

- 기대 효과 : 협동심, 소속감, 즐거움, 참여 의식.
- 아이스브레이킹 종류 : 박수놀이, 스킨십, 안마, 퀴즈, 게임, 유머 등.
- 아이스브레이킹 순서 : 리더와 참가자에서 참가자끼리로.

※ 스팟과 아이스브레이킹 차이점
- 아이스브레이킹 : 분위기 조성과 자발적 참여 유도에 효과적, 시작하는 단계에서 사용.
- 스팟 : 프로그램 진행 중 분위기가 흐려질 때 다시 집중을 기대하며 참여를 유도.

※ MC 기법
재미있는 인사를 준비하여 박수를 유도한다.
스트레칭은 긍정적인 웃음을 유발시킨다.
재미있는 인사와 스트레칭은 진행자의 필수조건이다.

87 마이크 & 앰프

① **마이크 종류 : 라인, 무선, 타이 마이크**
- 스위치가 켜져 있는지 확인한다.
- 마이크 중간을 말아쥐듯이 잡는다.
- 앰프와 스피커 볼륨을 맞춰 입에서 적절히 떼서 사용한다.
- 하울링이 날 때는 마이크를 스피커에서 멀리 하거나 입에서 떼어 거리를 조절한다.
- 청중이 많을 때에는 말을 약간 천천히 하고, 적을 때에는 평상시와 같이 한다.

② **앰프**
- 설치 시 전력 확보가 중요하므로 반드시 확인한다.
- 자외선을 피하고 통풍이 잘되는 곳에 설치하고, 2시간 사용 후 전원을 끄고 열을 식혀준다.

- 음향 조절 시 제일 낮은 소리에 맞춰 놓는다.
- 앰프는 가장 나중에 켜고 가장 먼저 끈다.

88 게임

자유로운 참가 분위기를 조성하면서 일정한 규칙을 준수하고 전원이 참가할 수 있는 활동이다.

- 게임 개발 원리 : 목적에 부합, 대상에 적합, 실현가능성, 안정성, 교육가치성.
- 게임 지도방법 : 간단하고 쉬운 동작에서 복잡하고 어려운 동작으로, 분습법에서 전습법으로 지도, 참가자들이 잘 볼수 있는 위치에서 지도.
- 게임 지도 원리 : 참가자 이해, 분위기 파악, 평등한 관심, 순서의 자연스러운 연결, 적절한 의사 소통.
- 게임의 종류 : 분위기 조성 게임, 파트너 게임, 율동 게임, 팀워크 게임, 무대 게임, 전체 게임, 명랑운동회 (박수, 파트너, 안마, 반대, 바꿔, 노래, 관람, 빙고 게임 등).
- 게임의 전환 : 게임의 호응이 없을 때, 게임이 재미가 없을 때, 연령이 차이 날 때, 시간 제한을 받을 때.
- 게임 진행 분류 : 개인, 파트너, 팀, 공동체, 무대 게임.
- 레크리에이션 게임의 4가지 특징 : 경쟁적, 확률적, 모방적, 연기적 요소.

① 개인 게임

- 원칙 : 분석, 스피드 유도, 웃음 유발, 멘트에 승부 걸기.
- 효과 : 좁은 공간 가능, 집중에 효과적, 마음의 문 열기, 옆사람과 자연스럽게 친해지기.
- 조건 : 언제 어디서든 누구하고도 다같이 재미있게 활발히 규칙을 지키며 즐길수 있어야 한다.

② 파트너 게임
파트너와의 어색함을 없애고 자연스럽게 인사하며 친밀감을 느끼게 한다. 재미있는 벌칙으로 웃음을 만들어낸다. 팀 게임을 위한 준비 단계이다.

③ 팀 게임
팀 구호, 노래, 깃발 등을 만들어 단합시키고 참여 의식을 높인다.
발표할 시간을 충분히 준다.

④ 공동체 게임
- 모두가 참여하고 협력하는 게임으로 단결력과 책임감을 기를 수 있다.
- 격렬한 몸동작은 자제하고 장소나 참가자의 몸 상태를 고려하여, 안전 사고에 각별히 유의한다.

⑤ 무대 게임
- 철저한 준비와 계획, 사전 분위기 파악이 중요한다.
- 부담없는 벌칙과 즐거움을 줄 수 있는 구성을 한다.

⑥ 캠프 파이어
- 단합과 새로운 출발을 결단하는 기회가 된다.

89 레크리에이션의 반칙과 벌칙
- 개인에게 수치심을 주는 벌칙은 주지 않는다.
- 개인보다 단체에게 벌칙을 주는 쪽이 좋다.
- 잘 할 수 있는 벌칙을 선택하게 한다.
- 감점, 벌점을 주되 반드시 만회할 기회를 준다.
- 순수한 벌칙보다는 게임화된 벌칙을 준다.
- 신체나 성별에 관한 벌칙은 피한다.

90 율동 댄스

① 댄스의 효과 : 연습을 통한 기능 습득(교육적 효과), 친밀감과 협동심(사회적 효과), 심폐 기능 운동능력 발달(신체적 효과), 노래와 함께 신체 활동을 함으로써 심리적 안정감(정서적 효과)

② 율동 지도 방법 : 자신있고 밝은 표정, 큰 동작으로 음악의 특성과 동작을 설명하며 시범을 보인다. 한 소절씩 끊어서 지도하고, 좌우 방향을 잘 설정한다. 정확한 시작 멘트로 참여자들과 함께 동작하고 가사를 불러주며 지도한다. 참여자보다 조금 앞선 동작, 간단하고 쉬운 동작, 춤의 명칭이나 기본 용어를 숙지 하며, 민망하고 혐오스러운 동작은 피한다. 너무 빠르거나 방향 전환이 많은 동작은 피한다.

③ 댄스의 종류 : 포크, 라인, 실버, 스포츠, 줌바, 차차차, 밸리댄스.

- 포크 댄스 : 각 민족 풍습에 의해 성립된 동작, 모두가 스스로 춤을 즐길 수 있는 민속 무용, 향토 무용.
- 라인 댄스 : 줄을 맞춰 서서 방향을 전환하며 한 음악에 동작을 여러번 반복하며 추는 춤.

91 노래 음악 싱어롱

① 선정 방법 : 누구나 알기 쉽게 따라 부를 수 있는 연령에 맞는 노래, 경쾌하고 밝고 희망적인 노래 선정.

② 싱어롱 지도 방법 : 진행자 시범, 박자에 맞는 시작 구호, 박자에 맞는 동작, 가사에 맞는 동작과 표정, 적극적 참여 유도, 음정이 높지 않은 노래, 악기나 cd를 이용해 흥이 나도록 하며, 칭찬과 유머를 섞어가며 지도한다.

③ 악기가 없는 상태에서 지도 시 : 시작을 명확히 알리고 첫음을 잡아준다, 중간중간에 가사를 알려주거나 같이 불러준다. 처음부터 끝까지 멜로디를 익히고 어려운 부분을 집중 연습한다. 악보를 나눠준 경우 한 소절 선창하고 후창 시키는 형식으로 처음부터 끝까지 반복 지도한다.

92 응급처치

① 심폐 소생술 : 심장이 뛰지 않고 호흡하지 않는 경우 인공적으로 혈액 순환을 시키고 폐에 산소를 공급하는 행위.

② 단계 : 의식 확인 → 도움 요청 → 가슴 압박 → 기도 유지 → 인공 호흡 → 회복 자세.

※ 다친 사람이나 급성 질환자를 사고 현장에서 즉시 취하는 조치로 119신고부터 부상이나 질병을 의학적 처치 없이 회복할 수 있도록 도와 주는 것.

부록

치매예방수칙 333 및 치매예방운동법
※출처:중앙치매센터 http://www.nid.or.kr/

1 온몸 준비하기(준비운동) : 가벼운 스트레칭을 통한 전신의 혈액순환 촉진

주먹 쥐기

두 주먹을 가볍게 쥐고 펴는 동작을 8회 실시합니다.

손목 젖히기 8회

양 손을 기도하듯이 붙이고 왼쪽과 오른쪽으로 각 2회씩 젖힙니다.

팔 앞으로 뻗기 4회

양 손을 깍지 끼워 앞으로 4회 뻗어줍니다.

 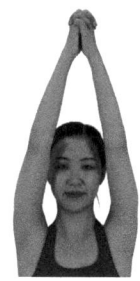

팔 위로 뻗기 4회

양 손을 깍지 끼워 위로 4회 뻗어줍니다.

부 록

팔 좌우로 뻗기 4회
양 손을 깍지 끼워 왼쪽과 오른쪽으로 4회씩 비틀어 줍니다.

제자리 걷기 16회
제자리에서 두 팔을 경쾌하게 흔들며 16회 걸어줍니다.

옆으로 걷기 2회
왼쪽으로 두 걸음 옆으로 걷기 2회, 오른쪽으로 두 걸음 옆으로 걷기 2회를 실시합니다.

숨고르기 2회
팔을 크게 돌리면서 숨고르기를 2회 실시합니다.

② 손 혈 자극하기(박수) : 말초신경 및 혈액순환 촉진, 인지기능 향상

주먹박수 4회 & 세로박수 4회

양 손은 주먹을 꼭 쥐어 4번 두드려줍니다. 이어서 양 손을 펴고 손바닥으로 4번 박수를 칩니다.

손끝박수 4회 & 세로박수 4회

양 손가락 끝을 맞대어 4번 두드려줍니다. 이어서 양 손을 펴고 손바닥으로 4번 박수를 칩니다.

손바닥박수 4회 & 세로박수 4회

양 손을 쭉 펴고 손바닥 중간 면으로 4번 두드려줍니다. 그리고 양 손을 펴고 손바닥으로 4번 박수를 칩니다.

손목박수 4회 & 세로박수 4회!

양 손의 안쪽 손목을 맞대어 4번 두드려줍니다. 그리고 양 손을 펴고 손바닥으로 4번 박수를 칩니다.

세로박수 4회

양 손을 맞대어 강하게 박수를 칩니다.

가로박수 4회

양 손을 수평이 되도록 눕혀 박수를 칩니다.

가로 쥐기 4회

양 손을 수평으로 맞댄 상태에서 손을 꼭 쥐어줍니다.

깍지 끼기 4회

양 손을 서로 마주 놓고 힘껏 깍지를 낍니다.
앞선 모든 동작을 좌·우로 번갈아가며 4회 반복하고,
깍지를 낄 때는 엄지손가락의 위치를 보고
번갈아 실시합니다.

3 전신 자극하기 : 어깨 회전범위 확대, 상체 혈액순환 촉진, 뇌 자극

머리박수

손가락 끝을 세워 머리를 경쾌하게 두드려 줍니다

어깨박수

양손으로 어깨를 두드립니다.

엉덩이박수

양손으로 엉덩이를 두드립니다.

세로박수

양손을 세로로 세워 박수를 칩니다.
머리, 어깨, 엉덩이, 세로박수 순서대로 리드미컬하게 2회 반복합니다.

부록

4 전신 깨우기 : 상체의 혈액순환 촉진, 뇌의 균형 및 인지기능 향상, 운동능력 향상

양팔 앞으로 밀기

양팔을 가슴 앞에서 앞쪽으로 밀고 제자리로 돌아옵니다.

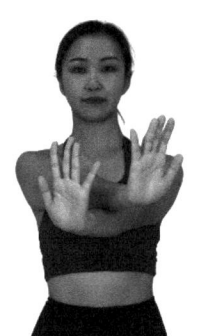

양팔 교차하여 밀기

양팔을 앞을 향해 사선으로 교차시켜 밀고 제자리로 돌아옵니다.

양팔 위로 밀기

양팔을 위로 밀고 제자리로 돌아옵니다.

양팔 옆으로 밀기

양팔을 좌우로 밀고 제자리로 돌아옵니다.

한 팔씩 번갈아 밀기
(앞-위-옆-사선-위-옆-사선-앞)

오른손을 시작으로 앞쪽, 위쪽, 옆쪽, 사선으로 한 팔씩 밀고 돌아오기를 반복합니다.

5 기 만들기 : 후두엽, 두정엽, 전두엽의 활성화

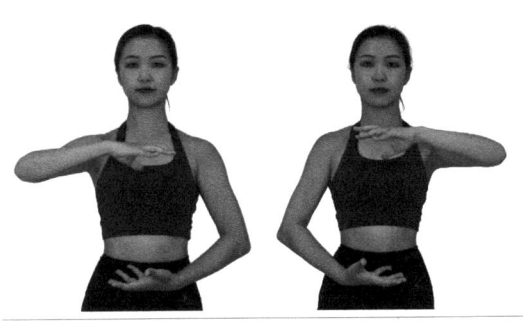

기운 모으기
① 가슴 아래쪽에 양 손을 위·아래로 위치시키고 손가락을 둥글게 말아 줍니다.
② 왼손이 위로 향하도록 돌려줍니다.
③ 왼손이 위쪽에 위치하면 다시 오른손이 위로 향하도록 천천히 돌려줍니다.

키우기
양손을 자신의 몸통 크기로 넓혀주어 같은 방법으로 천천히 돌려줍니다.

크게 키우기
양팔을 위·아래로 길게 뻗어 같은 방법으로 천천히 돌려줍니다.

펼치기
양팔을 위아래로 길게 뻗어 손바닥이 밖을 향하도록 하여 천천히 돌려줍니다.

6 기 쓰기 : 후두엽, 두정엽, 전두엽의 활성화

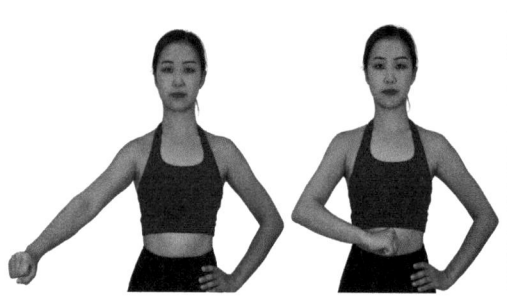

밑면 도형 그리기

① 양손은 볼펜을 쥐듯이 가볍게 모아 허리에 위치시킵니다.

② 허리를 기준으로 밑면에 그림을 그리듯 도형을 그려줍니다.

③ 오른손과 왼손을 번갈아가면서 동그라미, 네모, 마름모를 그려줍니다.

앞면 도형 그리기

① 양손은 볼펜을 쥐듯이 가볍게 모아 허리에 위치시킵니다.

② 허리를 기준으로 앞면에 그림을 그리듯 도형을 그려줍니다.

③ 오른손과 왼손을 번갈아가면서 동그라미, 네모, 마름모를 그려줍니다.

두 면 동시에 도형 그리기

① 양손은 볼펜을 쥐듯이 가볍게 모아 왼손은 옆면에, 오른손은 앞면에 위치시킵니다.

② 양손으로 동시에 동그라미, 네모, 마름모를 그립니다.

③ 양손이 각각 다른 방향으로 도형을 그립니다.

④ 마름모까지 도형을 그린 후에는 왼손이 앞면에, 오른손이 옆면에 위치시킵니다.

⑤ 양손으로 동시에 동그라미, 네모, 마름모를 그립니다.

⑥ 양손이 각각 다른 방향으로 도형을 그립니다.

7 온몸 가다듬기(정리운동) : 심박수와 호흡빈도를 안정화시키는 마무리 동작

호흡 다스리기
숨을 고르며 양 팔을 왼쪽에서 오른쪽으로 돌리고 반대로 4회 반복합니다.

호흡 고르기
① 양 손을 배에서 모아 머리 위로 천천히 올리고 손을 돌려 원을 그리며 내립니다.

② 팔 동작과 함께 발뒤꿈치를 가볍게 들었다가 내려놓으며 크게 호흡합니다.

호흡 되돌리기
양 팔을 넓혀 가슴을 최대한 넓게 만들어 호흡을 마시고 다시 양 팔을 모으면서 호흡을 힘껏 뱉습니다.

호흡 안정시키기
양 손을 배에서 모아 턱까지 천천히 올리고 손바닥이 바닥을 향하도록 내려줍니다.

8 걸으면서 체조 하기

효과

걸으면서 손동작을 병행하는 것은 보다 어려운 복수과제를 실시하게 함으로써 뇌신경을 더욱 촉진시켜줍니다. 연속적인 실시는 유산소 운동에 해당하며 뇌의 혈류를 증가시켜 뇌혈관 건강에 도움을 줍니다.

9 앉은 자세로 체조 하기

효과

앉아 걸으며 손동작을 병행하는 것은 보다 어려운 복수과제를 실시하게 함으로써 뇌신경을 더욱 촉진시켜줍니다. 또한 이러한 자세는 보행 시 관절에 미치는 부하를 경감시킴으로써 관절이 약한 노인의 수행을 원활하게 해줍니다. 연속적인 실시는 유산소 운동에 해당하며 뇌의 혈류를 증가시켜 뇌혈관 건강에 도움을 줍니다.

10 체조의 스토리

1. 본 체조를 실시하기 위하여, 중·노년층의 몸을 가볍게 준비해 주고 손의 말초신경을 자극하여 뇌신경을 활성화시킵니다.
2. 아침에 일어나면 기지개를 하듯이 기(뇌)를 깨워줍니다.
3. 기를 만드는 동작으로 태극권과 같이 일정한 속도로 천천히 동그란 모양을 형상화하여 점점 무한으로 키워나갑니다.
4. 만들어진 기를 쓰는 동작으로 오른손과 왼손으로 번갈아 다양한 도형을 형상화하면서 기를 펼쳐나갑니다.
5. 호흡조절과 함께 몸을 안정화시킵니다.

노인 스포츠 레크리에이션

1 채소 박수

1. 감자 박수
- 두 손을 주먹을 쥐어서 감자 모양을 만들어 줍니다.
- 주먹끼리 네 번 쳐준 뒤, 박수도 네 번을 쳐줍니다.

2. 고구마 박수
- 등과 손가락이 산(山)모양이 되도록 두 손을 약간 오목하게 구부린 상태에서 손뼉을 네 번 칩니다.
- 박수를 네 번 쳐줍니다.

3. 오이 박수
- 두 손을 주먹을 쥐어서 엄지와 검지를 쥔 면이 맞닿게 툭툭 네 번 칩니다.
- 박수를 네 번 쳐줍니다.

4. 호박 박수
- 열 손가락을 벌려서 갈퀴 모양으로 오므려주고 손가락 끝으로 머리 부분을 톡톡 두드려 줍니다.
- 박수를 네 번 칩니다.

2 전래노래&초성퀴즈

1. 전래노래 부르기
- 율동과 함께 우리 집에 왜 왔니~ 왜 왔니~♪ 노래를 부르면서 흥을 돋웁니다.

2. 첫 번째 초성 퀴즈
- "꽃 찾으러 왔단다 왔단다 왔단다~" 노래를 따라 부르며 가사 속에서 힌트를 찾아봅니다.

3. 두 번째 초성 퀴즈
- "떡 찾으러 왔단다 왔단다 왔단다~" 노래를 따라 부르며 가사 속에서 힌트를 찾아봅니다.

4. 세 번째 초성 퀴즈
- "옷 찾으러 왔단다 왔단다 왔단다~" 노래를 따라 부르며 가사 속에서 힌트를 찾아봅니다.

3 일자컵 쌓기

1. 왼손을 사용하여 일자로 여러 겹 높이 쌓인 컵을 듭니다.

2. 오른손으로 제일 위에 놓인 컵 하나를 집어서 제일 밑으로 넣어줍니다.

3. 오른손은 그대로 컵을 잡은 채로, 왼손으로 제일 위에 있는 컵을 빼서 밑으로 넣어줍니다.

4. 색깔 있는 컵이 제일 위로 오도록 반복합니다.

4 컵 쌓기 게임

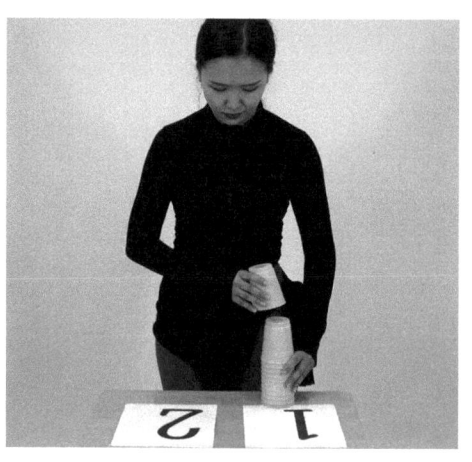 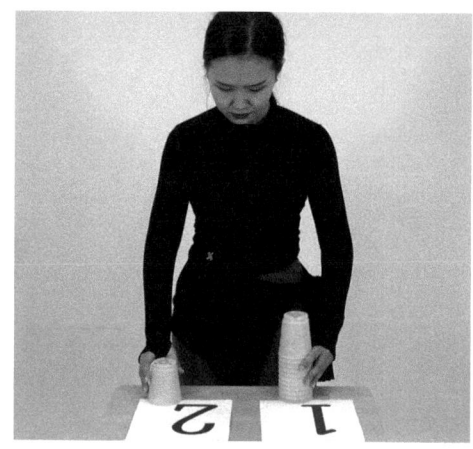

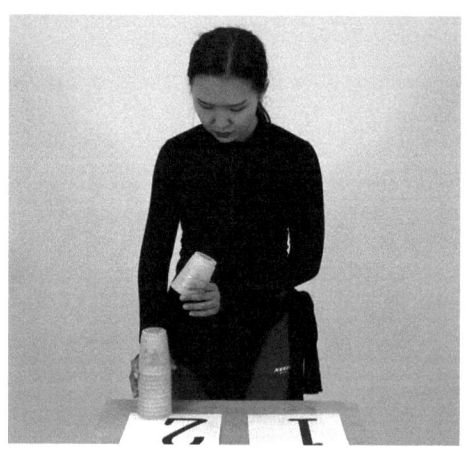 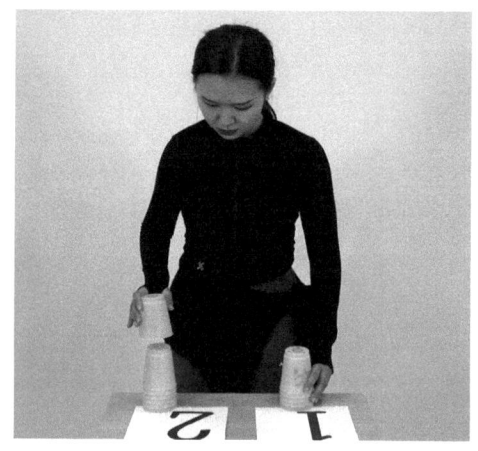

1. 숫자 '1'과 '2'가 적힌 종이 두 장을 책상 위에 나란히 둡니다.

2. 숫자 '1'이 적힌 종이 위에 여러 겹 쌓인 종이컵을 숫자 '2'가 적힌 종이 위에 한 손으로 하나씩 옮겨줍니다.

3. 숫자 '2'가 적힌 종이 위에 컵을 다 옮겼으면, 옮겨진 종이컵을 다시 숫자 '1'이 적힌 종이 위로 옮겨줍니다.

4. 숫자 '1'이 적힌 종이 위로 컵을 먼저 다 옮긴 사람이 승리하는 게임입니다.

5 손유희 박수

 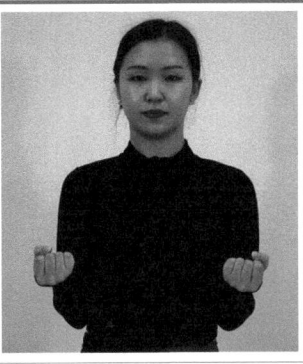

1. 찌개 박수 (지글/보글)

- 손을 앞쪽으로 펴고 <지글지글~ 짝짝!> <보글보글~ 짝짝!> 노래에 맞춰 주먹을 잼잼 하듯이 쥐었다 펴줍니다.

2. 양손 박수 (오른손/왼손)

- 오른손부터 주먹을 쥐었다 펴면서 <오른손 짝!> <왼손 짝!> <오른손~ 왼손 짝짝!> 노래에 맞춰 율동을 합니다.

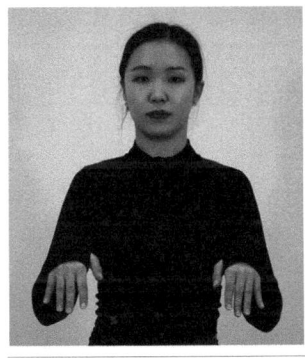 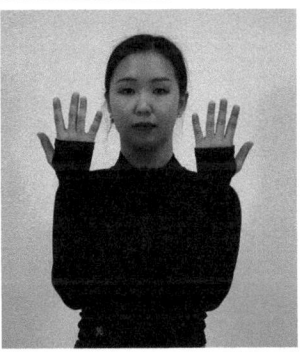

3. 지시 박수 (가라!/와라!)

- 손바닥을 펴고 훠이훠이~동작으로 <가라가라~ 짝짝!> <와라와라~ 짝짝!> 노래에 맞춰 율동을 합니다.

4. 결단력 박수 (그래!/아니!)

- 엄지와 검지로 동그라미 모양을 만들어 <그래그래~ 짝짝!> 양 손을 크로스하며 <아니아니~ 짝짝!> 노래에 맞춰 율동을 합니다.

노인 스포츠 율동

1 늴리리맘보 (https://youtu.be/cUSCT0zfDoU)

1. 간주 구간
- 양 팔을 주먹을 쥐고 앞뒤로 흔들어 줍니다.
- 좌우를 반복해 줍니다.

2. 늴리리야 늴리리 늴리리맘보~
- 좌우로 두 걸음 가며 손은 울라 울라 박수를 쳐줍니다.
- 이 동작을 좌우로 총 네 번 반복하여 춥니다

3. 정다운 우리 님 늴리리 오시는 날엔~
- 손을 앞뒤로 흔들며 몸을 기울여 줍니다.
- 다음으로 손목을 돌리며 원을 그리면서 올려줍니다.

4. 님 가신 곳을 알아야 알아야지~
- 양 팔을 접고 총총 걸음과 팔을 털어주며 양 옆으로 4스텝을 밟습니다.
- 그리고 제자리에서 4번을 털어줍니다.

부록

2 당신이 좋아 (https://youtu.be/2fsooQBEV4Y)

1. 원앙이 따로 있나 우리가 원앙이지

- 무릎 두 번 치고, 박수 두 번을 쳐줍니다.
- 그리고 두 손을 모아 양 볼 옆으로 가져가 쓸어줍니다.

2. 그대 사랑에 내 인생을 걸었잖아

- 양 팔을 접고 스텝을 양쪽으로 밟으며 양 팔을 벌려줍니다.

3. 비가와도 좋아 눈이와도 좋아

- 손을 이마에 댄 후, 사방을 둘러보는 동작을 해줍니다.
- 오른쪽을 보고 박수를 쳐주고 왼쪽을 보고 박수를 쳐줍니다.

4. 좋아 좋아 당신이 좋아

- 두 손을 엄지 척 해준 후 왼쪽, 오른쪽을 번갈아가며 찔러줍니다.

③ 시계바늘 (https://youtu.be/JX0VMmAPM1Q)

1. 사는게 뭐 별거 있더냐~

- 노를 젓는 영차 자세를 오른쪽으로 두 번, 앞으로 두 번 양쪽으로 반복하여 줍니다.

2. 술 한잔에 시름을 털고~

- 양 팔을 접고 한 발씩 뒤로 보내서 찍어줍니다.
- 팔은 오른쪽, 앞쪽, 왼쪽, 앞쪽 순서로 반복하며 살짝 들어줍니다.

3. 시계바늘처럼 돌고 돌다가~

- 한 손씩 밖으로 돌리며 4스텝을 밟아줍니다.
- 이 동작을 오른쪽, 왼쪽 반복하며 총 4번을 합니다.

4. 가는 길을 잃은 사람아

- 양팔을 S자로 만들어 양쪽을 번갈아 가며 총 4번 찔러 줍니다.

부록

4 얼쑤 (https://youtu.be/TwFD-htsCH8)

1. 울고불고 했던 지난 날은 잊고~

- 한 팔씩 길게 뒤로 큰 원을 그려주며 뻗어주고 주먹을 앞으로 뻗어줍니다.

2. 굽이굽이 이 높은 구두 신고 사뿐이~

- 팔을 양 옆으로 뻗었다 접었다를 반복하고 접은 팔을 무릎에 번갈아가며 찍어줍니다.

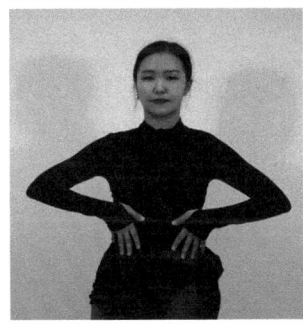

3. 달아 달아 밝은 달아~

- 제자리 걸음을 하며 두 손으로 몸을 쓸어 올립니다.
- 그리고 팔을 머리 위로 큰 원을 그려 달을 표현합니다.

4. 이 사람 내게 혹 가버리게~

- 한 팔씩 귀 옆으로 올려 주먹을 쥐어 줍니다.
- 그리고 양 옆으로 스텝을 밟으며 손을 쥐었다 폈다 해줍니다.

5 오라버니 (https://youtu.be/-HdD5EUqRCA)

1. 간주
- 두 팔을 주먹을 쥐고 흔들며 뒤로 보내줍니다.
- 발은 한 발 한 발 앞으로 찍어줍니다.

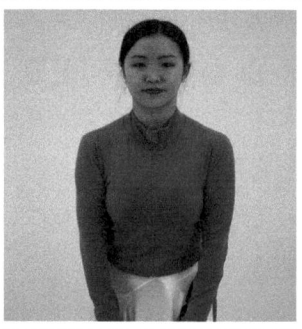

2. 날 사랑 하신다하니~
- 손을 양쪽으로 뻗고 무릎을 두 번 치고 박수를 두 번 쳐 줍니다.

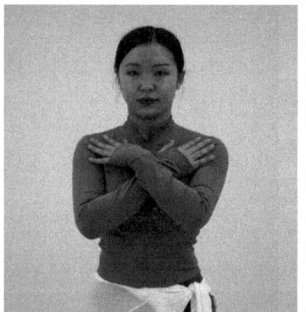

3. 날 사랑 하신다하니~(2)
- 두 팔을 어깨에 얹고 오른쪽을 보았다 앞을 보았다 왼쪽을 보았다 앞을 보았다 반복합니다.

4. 설레이다 떠는 가슴은~
- 팔을 사선 위로 들어 나비처럼 내려주고 반대 팔을 반대쪽 아래에 내려주며 동작을 반복합니다.

부록

댄스 안무 따라하기

1 영탁-찐이야
https://youtu.be/-4fv7ldT7cQ

1. 찐 찐 찐 찐 찐이야 완전 찐이야

엄지 척을 앞으로 4번 찔러주고 두 손을 엄지척을 하여 위 아래로 흔들어 줍니다. 그 후 허리를 숙여 반대편으로 크게 원을 그려 팔을 이동한 후 또 다시 두손을 위 아래로 흔들어 줍니다.

2. 진짜가 나타났다 지금

머리 위에 손을 올리고 한 방향으로 크게 두리번거립니다. 그 후 손을 머리 위로 들어 만세를 해주고 두 손가락을 땅을 찔렀다 앞을 찔러줍니다.

3. 찐하게 사랑 할 거야

양손을 엄지척 모양을 하고 앞으로 뽑아줍니다. 고개를 숙였다가 들며 작은 하트를 만들어 가슴앞에서 튕겨줍니다. 그리고 허리를 숙여 발을 구른 후 허리를 들어줍니다.

4. 끌리네 끌리네 자꾸 끌리네 쏠리네 쏠리네 자꾸 쏠리네

뒤로 가면서 두 손을 말아 줍니다. 그리고 두 손을 앞으로 펴줍니다. 그 후 두 팔을 앞으로 피면서 걸어가다가 양 팔을 몸에 붙이고 점프를 해줍니다.

2 송대관-지금이 딱 좋아

https://youtu.be/-4fv7ldT7cQ

1. 산전수전 다 겪어봤다.

양팔을 위로 쫙 뻗어 만세 동작을 한번, 주먹 쥐는 동작을 한번, 총 두 번씩 좌우로 번갈아 가며 해줍니다.

2. 이 나이에 못할게 뭐가 있을까

한 팔, 한 팔 크게 가져와 두 팔을 화이팅 동작을 해줍니다. 가져온 두 팔을 앞뒤로 흔들어 줍니다.

3. 지난 일은 생각 말자 후회를 말자

오른팔부터 옆으로 3번씩 털어주고 박수를 3번 쳐줍니다. 왼팔도 똑같이 털어줍니다.

4. 더도 말고 덜도 말고 지금이 딱 좋아

양팔로 위로 크게 원을 그려주고 앞으로도 원을 그려줍니다. 양팔로 좌우로 원을 그린 다음 박수를 두 번 치고 엄지척을 두 번 해줍니다.

3 서지오-수리수리 술술

https://youtu.be/-4fv7ldT7cQ

1. 흔들어 흔들어 비비고 비비고 맛있게 비비면

양손을 주먹을 쥔 채 앞뒤로 흔들어 줍니다. 그 후에 발을 지그재그로 땅에 비비면서 오른쪽으로 이동하여 한 발을 들어주고 왼쪽으로도 똑같이 해줍니다. 그리고 라면을 먹는듯한 동작을 손으로 해줍니다.

2. 수리수리 술술 잘 풀릴거야

두 팔을 모아 앞으로 한바퀴 원을 그려준 후 두 팔을 양쪽으로 원을 그리며 벌려줍니다.

3. 사랑이 아파 눈물이 나는 날도

양 손가락으로 크게 하트를 그려주며 한 발을 앞에 찍어줍니다. 그 후 두 손을 가슴에 대고 좌우로 몸을 흔들어 줍니다.

4. 흔들어 흔들어 비비고 비비며

양손은 주먹을 쥐고 몸은 앞 뒤로 흔들어 줍니다. 그 후 발을 땅에 지그재그로 비비며 한 발씩 들어줍니다.

노인건강운동-요가 스트레칭

1 명상 및 스트레칭

1. 명상하기
- 가슴 중앙과 정수리를 천장을 향해 끌어올린다는 느낌으로 상체를 세웁니다.
- 양쪽 엉치뼈로 바닥을 누른다는 느낌으로 앉습니다.
- 눈을 감고 숫자를 세며 천천히 호흡합니다.

2. 깍지껴서 상체 늘리기
- 깍지를 끼고 양팔이 귀에 닿게 위로 쭉 뻗어 상체를 늘려줍니다.
- 숨을 내쉬며 양손을 천천히 내립니다.

3. 엄지손가락으로 턱 밀기
- 깍지를 끼고 엄지손가락 두 개를 턱 밑에 대 줍니다.
- 고개를 천장으로 밀어낸다는 느낌으로 지그시 올려줍니다.
- 숨을 내쉬면서 천천히 정면으로 내려옵니다.

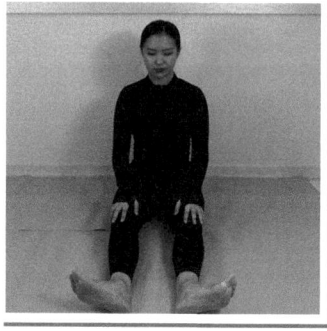

4. 발끝치기
- 다리 전체가 바닥에 닿을 수 있도록 다리를 쭉 펴서 앉습니다.
- 엄지발가락과 새끼발가락으로 바닥을 친다는 느낌으로 양쪽으로 번갈아 움직여줍니다.
- 무릎을 살짝 접으셔도 됩니다.

부록

2 명상 및 어깨운동

1. 목 돌리기

- 숫자 열을 세면서 승모근을 늘린다는 느낌으로 고개를 아주 천천히 돌려줍니다.
- 한 바퀴를 돌릴 때 너무 빠르지 않게 돌려주세요.
- 반대쪽으로도 똑같이 돌려줍니다.

2. 양팔 벌려 내리기

- 거북목이나 일자목에 좋은 스트레칭입니다.
- 양팔이 직각으로 되게 양쪽으로 벌려줍니다.
- 날갯죽지를 모아준다는 느낌으로 팔꿈치를 뒤로 당기듯 내려줍니다.

3. 목 옆으로 돌려 늘려주기

- 고개를 오른쪽으로 천천히 돌려 줍니다.
- 왼쪽 어깨가 오른쪽으로 따라가지 않게 오른손으로 왼쪽 어깨를 잡아줍니다.
- 반대편쪽도 똑같이 해줍니다.

4. 양팔 벌려 손목 스트레칭

- 양팔을 옆으로 쭉 벌린 후 손가락을 하나하나 접어서 주먹을 쥡니다.
- 손바닥은 바닥을 향하게 한 다음, 어깨가 올라가지 않게 주먹 쥔 손을 바닥쪽으로 밀어줍니다.

3 도인술편

1. 따봉 운동
- 엄지손가락만 내민 채로 주먹 쥔 손을 앞으로 쭉 뻗어서 시선은 엄지손톱을 향합니다.
- 숨을 내쉬면서 주먹을 천천히 위로 올려줍니다.
- 고개가 움직이지 않게 주의하며 손을 천천히 아래로 내려줍니다.

2. 손바닥 비비기
- 두 손을 쫙 편 상태로 손바닥에 열이 나도록 비벼줍니다.
- 손바닥에 열이 나면 손을 눈두덩이에 얹어줍니다.

3. 손가락으로 머리 톡톡 두드려주기
- 열 손가락으로 정수리, 머리 뒤쪽, 머리 옆쪽을, 전체적으로 세지 않은 강도로 톡톡 두드려줍니다.

4. 손가락으로 얼굴 마사지하기
- 손바닥 마찰로 손에 열이 나면 검지손가락으로 미간을 쓸어주듯 마사지해 줍니다.
- 눈썹뼈, 눈두덩이를 살살 쓸어주듯 마사지합니다.

4 밸런스 운동

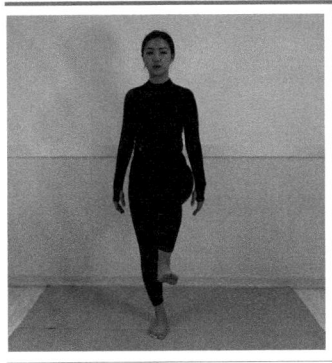

1. 다리 한쪽 올려 중심잡기

- 왼쪽 무릎을 내 배꼽보다 약간 높은 위치로 올린다는 느낌으로 다리를 'ㄱ(기역)'이 되게 올려줍니다.
- 균형을 잡기가 힘들다면 의자를 잡고 하시는 것도 좋습니다.
- 몸이 틀어지지 않게 아랫배의 힘을 이용해 다리를 들어올리는 것이 중요합니다.

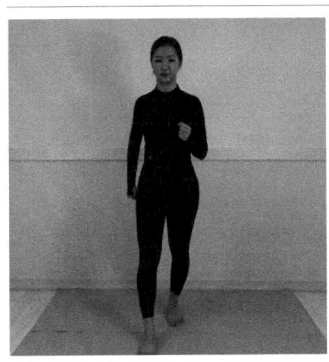

2. 옳은 방법으로 걷기

- 바닥에 발을 발뒤꿈치가 먼저 닿게 내디딥니다.
- 발 중앙 → 발 앞부분 → 발가락 순서로 땅에 닿도록 걸어줍니다.

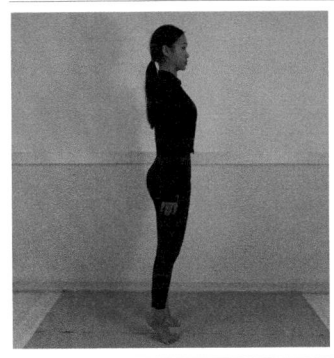

3. 뒤꿈치 올리기

- 발을 골반 너비만큼 벌려준 상태로 서서 뒤꿈치를 천천히 들어줍니다.
- 발가락으로 바닥을 밀어낸다는 느낌으로 뒤꿈치를 들어줍니다.
- 가슴은 펴고 정수리는 천장으로 끌어올려 줍니다.

4. 삼각자세

- 발을 11자로 두고 다리는 골반 너비보다 넓게 벌려서 섭니다.
- 그런 후 골반은 정면을 향한 채로 오른발만 바깥쪽으로 틀어줍니다.
- 양손은 옆으로 올리고 골반은 왼쪽으로 밀면서 상체를 천천히 옆으로 내려줍니다.

5 굴렁쇠 및 어깨로 서기

1. 복부 근력 기르기
- 바닥에 앉은 상태에서 무릎을 세웁니다.
- 양팔은 앞으로나란히 자세로 뻗어주고 등을 둥글게 만다는 느낌으로 천천히 누워줍니다.
- 양발이 천장을 향할 때까지 누웠다가 배의 힘을 이용해 천천히 다시 올라옵니다.

2. 등 근육 풀어주기
- 복부에 힘이 부족한 경우에는 손으로 무릎 위 허벅지 뒷부분을 손으로 잡습니다.
- 바닥에 허리 → 등 → 어깨 순서로 닿을 수 있게 상체를 굴리듯 누워줍니다.
- 올라올 때는 반동보다는 복부의 힘을 이용하는 게 중요합니다.

3. 어깨로 서기
- 편안히 누운 상태에서 숨을 들이마시면서 두 다리를 들어 올려 머리 너머로 보냅니다.
- 두 손으로 등허리를 단단히 받쳐줍니다.

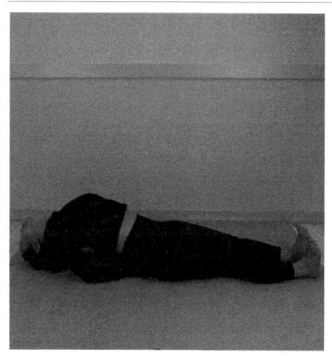

4. 물고기 자세
- 등을 바닥에 대고 누운 다음, 양다리는 가지런히 모으고 발끝을 세웁니다.
- 양팔은 몸에 붙이고 손바닥이 바닥을 향하게 하여 엉덩이 밑에 넣습니다.
- 숨을 내쉬면서 상체를 들어 올립니다.
- 고개를 뒤로 넘겨 정수리와 바닥이 직각이 되게 합니다.

6 고관절 스트레칭

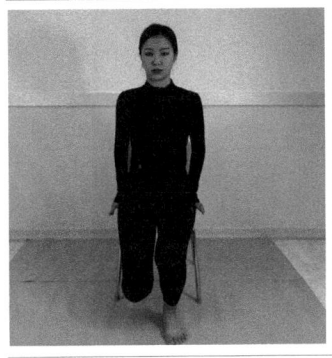

1. 의자에 앉아 발목 늘리기

- 의자에 편안하게 앉은 상태에서 오른쪽 발을 발등이 바닥에 닿게 뒤쪽으로 깊숙이 보내줍니다.
- 체중이 한쪽으로 기울어지지 않게 조심하면서 발목을 스트레칭 해줍니다.

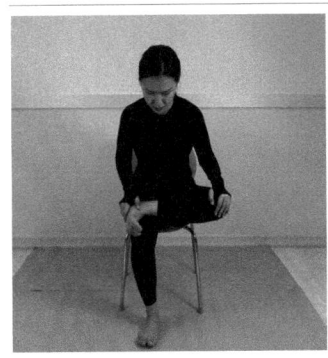

2. 고관절 스트레칭

- 의자에 앉은 상태에서 오른쪽 발을 왼쪽 다리 허벅지 위로 올려줍니다.
- 가슴을 세우고 숨을 내쉬면서 등이 구부러지지 않게 천천히 상체를 숙여줍니다.

3. 나무 자세

- 두 발을 가지런히 모으고 섭니다.
- 오른쪽 발바닥을 왼쪽 허벅지 안쪽에 갖다 댑니다.
- 이때 무릎이 바깥으로 향하게 벌려줍니다.

4. 'ㄱ'자 스트레칭

- 양손으로 의자 등받이를 잡습니다.
- 천천히 엉덩이를 뒤로 빼면서 시선은 바닥을 향하게 합니다.
- 상체와 하체가 'ㄱ'자 모양이 되게 해줍니다.

노인스포츠지도자 관련 법령

1. 학교체육진흥법-2020이후 신설 개정 중심으로

제11조(학교운동부 운영 등)
① 학교의 장은 학생선수가 일정 수준의 학력기준(이하 "최저학력"이라 한다)에 도달하지 못한 경우에는 교육부령으로 정하는 경기대회의 참가를 허용하여서는 아니 된다. 다만, 「초·중등교육법」 제2조제3호에 따른 고등학교 또는 이에 준하는 학교에 재학 중인 학생선수가 제2항에 따른 **기초학력보장 프로그램을 이수한 경우**에는 그 참가를 허용할 수 있다. <개정 2021. 3. 23.>
② 학교의 장은 최저학력에 도달하지 못한 학생선수에게 별도의 **기초학력보장 프로그램을 제공하여야 한다.** <신설 2021. 3. 23.>
③ 최저학력의 기준 및 실시 시기에 필요한 사항과 기초학력보장 프로그램의 운영 등에 필요한 사항은 **교육부령**으로 정한다. <개정 2013. 3. 23., 2021. 3. 23.>
④ 학교의 장은 학생선수의 학습권 보장 및 신체적·정서적 발달을 위하여 학기 중의 상시 합숙훈련이 근절될 수 있도록 노력하여야 한다. 다만, 경기대회 참가 등을 위하여 불가피하게 합숙훈련을 실시하는 경우에는 학생선수의 안전 및 인권보호를 위하여 필요한 조치를 하여야 한다. <개정 2021. 3. 23.>
⑤ 학교의 장은 원거리에서 통학하는 학생선수를 위하여 기숙사를 운영할 수 있다. 이 경우 필요한 사항은 교육부령으로 정한다. <개정 2013. 3. 23., 2021. 3. 23.>
⑥ 학교의 장은 학교운동부 관련 후원금을 「초·중등교육법」 제30조의2에 따라 설치된 학교회계에 편입시켜 운영하여야 한다. <개정 2021. 3. 23.>
⑦ 국가 및 지방자치단체는 예산의 범위에서 학교운동부 운영과 관련된 경비를 지원할 수 있다. <개정 2021. 3. 23.>   [시행일: 2024. 3. 24.] 제11조

제12조(학교운동부지도자)
① 학교의 장은 학생선수의 훈련과 지도를 위하여 학교운동부에 지도자(이하 "학교운동부지도자"라 한다)를 둘 수 있다.

② 국가는 학교운동부지도자의 자질 향상 및 전문성 강화를 위하여 연수교육 계획을 수립하고, 이를 실시하여야 한다. 이 경우 연수교육을 관련 단체에 위탁할 수 있다.

③ 국가 및 지방자치단체는 학교운동부지도자의 급여에 필요한 경비를 지원하도록 노력하여야 하며, 학교의 장은 학교운동부지도자 임용에 필요한 경비를 「초·중등교육법」 제30조의2에 따라 설치된 학교회계에 반영하여 집행하여야 한다.

④ 학교의 장은 학교운동부지도자가 학생선수의 학습권을 박탈하거나 폭력, 금품·향응 수수(授受) 등의 부적절한 행위를 하였을 경우 학교운영위원회의 심의를 거쳐 계약을 해지할 수 있다. <개정 2021. 3. 23.>

⑤ 교육감은 학교운동부지도자의 지도 등을 위하여 학교운동부지도자관리위원회를 설치한다.

⑥ 교육감은 제4항의 사유 이외에 학교의 장이 부당하게 학교운동부지도자를 계약 해지하였을 경우 학교운동부지도자관리위원회의 심의를 거쳐 관련 계약 해지를 철회할 수 있다.

⑦ 그 밖에 학교운동부지도자의 자격기준, 임용, 급여, 신분, 직무 등에 필요한 사항은 대통령령으로 정한다.

제12조의3(스포츠 분야 인권교육 등)
① 국가와 지방자치단체는 학생선수의 인권보호를 위하여 학생선수와 학교운동부지도자를 대상으로 스포츠 분야 인권교육을 실시하여야 한다.

② 국가와 지방자치단체는 학생선수에 대한 폭력, 성폭력 등 인권침해가 발생한 때에는 학생선수와 학교운동부지도자를 대상으로 심리치료 및 안전조치를 하여야 한다.

③ 제1항 및 제2항에 따른 스포츠 분야 인권교육, 심리치료 및 안전조치에 관하여 필요한 사항은 대통령령으로 정한다. [본조신설 2020. 10. 20.]

2. 국민체육진흥법

[시행 2021. 6. 9.] [법률 제17580호, 2020. 12. 8., 일부개정]문화체육관광부(체육정책과),

제1장 총칙

제1조(목적) 이 법은 국민체육을 진흥하여 국민의 체력을 증진하고, 체육활동으로 연대감을 높이며, 공정한 스포츠 정신으로 체육인 인권을 보호하고, 국민의 행복과 자긍심을 높여 건강한 공동체의 실현에 이바지함을 목적으로 한다. <개정 2020. 8. 18.>

제2조(정의) 이 법에서 사용하는 용어의 뜻은 다음과 같다. <개정 2008. 2. 29., 2012. 2. 17., 2014. 1. 28., 2015. 3. 27., 2019. 1. 15., 2020. 2. 4., 2020. 12. 8.>
1. "체육"이란 운동경기·야외 운동 등 신체 활동을 통하여 건전한 신체와 정신을 기르고 여가를 선용하는 것을 말한다.
2. "전문체육"이란 선수들이 행하는 운동경기 활동을 말한다.
3. "생활체육"이란 건강과 체력 증진을 위하여 행하는 자발적이고 일상적인 체육 활동을 말한다.
4. "선수"란 경기단체에 선수로 등록된 자를 말한다.
4의2. "국가대표선수"란 대한체육회, 대한장애인체육회 또는 경기단체가 국제경기대회(친선경기대회는 제외한다)에 우리나라의 대표로 파견하기 위하여 선발·확정한 사람을 말한다.
5. "학교"란 「초·중등교육법」 제2조 및 「고등교육법」 제2조에 따른 학교를 말한다.
6. "체육지도자"란 학교·직장·지역사회 또는 체육단체 등에서 체육을 지도할 수 있도록 이 법에 따라 다음 각 목의 어느 하나에 해당하는 자격을 취득한 사람을 말한다.
가. 스포츠지도사 / 나. 건강운동관리사 / 다. 장애인스포츠지도사
라. 유소년스포츠지도사 / 마. 노인 스포츠 지도사
7. "체육동호인조직"이란 같은 생활체육 활동에 지속적으로 참여하는 자의 모임을 말한다.

8. "운동경기부"란 선수로 구성된 학교나 직장 등의 운동부를 말한다.
9. "체육단체"란 체육에 관한 활동이나 사업을 목적으로 설립된 다음 각 목의 어느 하나에 해당하는 법인이나 단체를 말한다. 가~아
10. "도핑"이란 선수의 운동능력을 강화시키기 위하여 문화체육관광부장관이 고시하는 금지목록에 포함된 약물 또는 방법을 복용하거나 사용하는 것을 말한다.
11. "경기단체"란 특정 경기 종목에 관한 활동과 사업을 목적으로 설립되고 대한체육회나 대한장애인체육회에 가맹된 법인이나 단체 또는 문화체육관광부장관이 지정하는 프로스포츠 단체를 말한다.

11의2. "스포츠비리"란 체육의 공정성을 저해하는 다음 각 목의 어느 하나에 해당하는 행위를 말한다.
    가. 체육단체의 운영 중 발생하는 회계부정, 배임, 횡령 및 뇌물수수 등 체육단체의 투명하고 민주적인 운영을 저해하는 행위
    나. 운동경기 활동 중 발생하는 승부조작, 편파판정 등 운동경기의 공정한 운영을 저해하는 행위

12. "체육진흥투표권"이란 운동경기 결과를 적중시킨 자에게 환급금을 내주는 표권(票券)으로서 투표 방법과 금액, 그 밖에 대통령령으로 정하는 사항이 적혀 있는 것을 말한다.

제3조(체육 진흥 시책과 권장) 국가와 지방자치단체는 국민체육 진흥에 관한 시책을 마련하고 국민의 자발적인 체육 활동을 권장·보호 및 육성하여야 한다.

제4조(기본 시책의 수립 등)
① 문화체육관광부장관은 국민체육 진흥에 관한 기본 시책을 수립·시행한다.
② 지방자치단체의 장은 제1항의 기본 시책에 따라 그 지방자치단체의 체육 진흥 계획을 수립·시행하여야 한다.

제5조(지역체육진흥협의회)
① 지방자치단체의 체육 진흥 계획을 수립하고 그 밖에 체육 진흥에 관한 중요 사항을 협의하기 위하여 지방자치단체에 지역체육진흥협의회(이하 "협의회"라 한다)를 둔다. <개정 2020. 12. 8.>
② 협의회는 지방자치단체의 장, 지방체육회의 회장을 포함한 7명 이상 15명 이하의 위원으로 구성하며, 그 밖에 협의회의 조직과 운영에 필요한 사항은 해당 지방자치단체의 조례로 정한다. <개정 2020. 12. 8.>

제6조(협조) 제4조에 따른 기본 시책과 체육 진흥 계획의 수립·시행에 관하여 문화체육관광부장관이나 지방자치단체의 장이 요청하면 관계기관과 단체는 이에 협조하여야 한다.

제2장 체육 진흥을 위한 조치

제7조(체육의 날과 체육 주간)
① 국민의 체육 의식을 북돋우고 체육을 보급하기 위하여 매년 체육의 날과 체육 주간을 설정한다.
② 체육의 날과 체육 주간 및 그 행사에 필요한 사항은 대통령령으로 정한다.

제8조(지방 체육의 진흥)
① 지방자치단체는 지역 주민의 건강과 체력 증진을 위하여 건전한 체육 활동을 생활화할 수 있도록 시설 등 여건을 조성하고 지원하여야 한다.
② 지방자치단체는 그 행정구역 단위로 연 1회 이상 체육대회를 직접 개최하거나 체육단체로 하여금 이를 개최하도록 지원하여야 한다.
③ 지방자치단체는 직장인 체육대회를 연 1회 이상 개최하여야 한다.

제9조(학교 체육의 진흥) 학교는 학생의 체력 증진과 체육 활동 육성에 필요한 조치를 마련하여야 한다.

제10조(직장 체육의 진흥)

① 국가와 지방자치단체는 직장 체육 진흥에 필요한 시책을 마련하여야 한다.

② 직장의 장은 대통령령으로 정하는 바에 따라 체육동호인조직과 체육진흥관리위원회를 설치하는 등 직장인의 체력 증진과 체육 활동 육성에 필요한 조치를 마련하여야 한다.

③ 대통령령으로 정하는 직장에는 직장인의 체력 증진과 체육 활동 지도·육성을 위하여 체육지도자를 두어야 한다.

④ 「공공기관의 운영에 관한 법률」에 따른 공공기관 중 대통령령으로 정하는 기관(이하 "공공기관"이라 한다)과 대통령령으로 정하는 직장에는 한 종목 이상의 운동경기부를 설치·운영하고 체육지도자를 두어야 한다.

⑤ 제2항부터 제4항까지의 규정에 따른 직장 체육에 관한 업무는 시장·군수·구청장(자치구의 구청장을 말한다. 이하 같다)이 지도·감독한다. <개정 2020. 12. 8.>

제10조의2(노인 체육의 진흥)

① 국가와 지방자치단체는 노인 체육 진흥에 필요한 시책을 마련하여야 한다.

② 국가와 지방자치단체는 노인 건강의 유지 및 증진을 위한 맞춤 체육활동 프로그램을 운영하거나 그 운영에 필요한 비용 및 시설을 지원할 수 있다. [본조신설 2020. 6. 9.]

제10조의3(표준계약서의 작성 등)

① 국가는 직장에 설치·운영되는 운동경기부(이하 "직장운동경기부"라 한다)가 소속된 기관 및 단체의 장과 직장운동경기부 선수가 대등한 입장에서 공정하게 계약을 체결할 수 있도록 표준계약서를 개발하고 이를 보급하여야 한다.

② 직장운동경기부가 소속된 기관 및 단체의 장은 직장운동경기부 선수와 계약을 체결할 경우 계약 당사자의 권리 및 의무에 관한 사항, 분쟁해결에 관한 사항 등 표준계약서상 필수 기재사항을 포함하여 계약을 체결하여야 한다.

③ 지방자치단체의 장은 제2항에 따른 계약의 체결 현황, 내용 등 문화체육관광부령으로 정하는 사항을 문화체육관광부장관에게 매년 보고하여야 한다.

④ 문화체육관광부장관은 제3항에 따라 보고된 계약이 불공정하다고 인정할 때에는 그 직장

운동경기부가 소속된 기관 및 단체의 장에게 시정을 요구할 수 있다.
⑤ 제2항 및 제3항에 따른 구체적인 내용은 문화체육관광부령으로 정한다.
[본조신설 2020. 8. 18.]

제10조의4(합숙소의 관리)
① 직장운동경기부가 소속된 기관 및 단체의 장은 상시 합숙훈련을 실시하는 때에는 소속 선수의 합숙소에서의 사생활의 자유와 합숙훈련 참가 여부에 대한 개인 선택의 자유가 보장되도록 노력하여야 한다.
② 직장운동경기부가 소속된 기관 및 단체의 장은 원거리에 거주하는 선수에게 편의를 제공하기 위하여 합숙소를 운영하는 경우에는 문화체육관광부령으로 정하는 바에 따라야 한다.
[본조신설 2020. 12. 8.]

제10조의5(운영규정의 마련 및 준수)
① 직장운동경기부가 소속된 기관 및 단체의 장은 다음 각 호의 사항을 포함한 운영규정을 작성하고, 시장·군수·구청장에게 그 내용을 보고하여야 한다.
1. 선수단 구성원의 자격에 관한 사항
2. 합숙소 운영·관리에 관한 사항
3. 선수 인권보호를 위한 조치에 관한 사항
4. 그 밖에 직장운동경기부의 운영을 위하여 필요한 사항으로서 문화체육관광부령으로 정하는 사항
② 직장운동경기부가 소속된 기관 및 단체의 장은 제1항에 따른 운영규정의 준수 여부 등 문화체육관광부령으로 정하는 사항을 매년 시장·군수·구청장에게 보고하여야 한다.
[본조신설 2020. 12. 8.]

제11조(체육지도자의 양성)
① 국가는 국민체육 진흥을 위한 체육지도자의 양성과 자질 향상을 위하여 필요한 시책을 마련하여야 한다.

② 문화체육관광부장관은 대통령령으로 정하는 자격 요건을 갖춘 사람으로서 체육지도자 자격검정(이하 "자격검정"이라 한다)에 합격하고 체육지도자 연수과정(이하 "연수과정"이라 한다)을 이수한 사람에게 문화체육관광부령으로 정하는 바에 따라 체육지도자의 자격증을 발급한다. 다만, 학교체육교사 및 선수(문화체육관광부장관이 지정하는 프로스포츠단체에 등록된 프로스포츠선수를 포함한다) 등 대통령령으로 정하는 사람에게는 대통령령으로 정하는 바에 따라 자격검정이나 연수과정의 일부(제3항에 따른 성폭력 등 폭력 예방교육은 제외한다)를 면제할 수 있다. <개정 2012. 2. 17., 2020. 2. 4.>

③ 연수과정에는 성폭력 등 폭력 예방교육 등 문화체육관광부령으로 정하는 사항이 포함되어야 한다. <신설 2020. 2. 4. 2020. 8. 18.>

④ 제2항에 따라 자격검정이나 연수를 받거나 자격증을 발급 또는 재발급 받으려는 사람은 문화체육관광부령으로 정하는 바에 따라 수수료를 납부하여야 한다. <신설 2012. 2. 17., 2020. 2. 4.>

⑤ 체육지도자의 종류ㆍ등급ㆍ검정 및 자격 부여 등에 필요한 사항은 대통령령으로 정한다. <개정 2012. 2. 17., 2020. 2. 4.>

제11조의2(자격검정기관 및 연수기관의 지정 등)
① 문화체육관광부장관은 효율적이고 전문적인 자격검정과 연수를 위하여 「고등교육법」 제2조에 따른 학교, 체육단체 또는 경기단체 등을 체육지도자 자격검정기관 및 연수기관으로 각각 지정할 수 있다.
② 제1항에 따라 지정된 자격검정기관 및 연수기관(이하 "지정기관"이라 한다)은 문화체육관광부령으로 정하는 바에 따라 체육지도자 자격검정계획 및 연수계획을 각각 수립하여 문화체육관광부장관에게 제출하여야 한다. 제출한 계획을 변경하려는 경우에는 미리 변경계획서를 제출하여야 한다.
③ 지정기관의 지정기준, 자격검정 및 연수 계획과 그 시행 등에 관하여 필요한 사항은 대통령령으로 정한다.

제11조의3(지정기관에 대한 평가) 문화체육관광부장관은 체육지도자의 양성체계 수준의 향

상을 위하여 문화체육관광부령으로 정하는 바에 따라 지정기관을 평가할 수 있다.

제11조의4(지정의 취소 등)
① 문화체육관광부장관은 지정기관이 다음 각 호의 어느 하나에 해당하는 경우에는 그 지정을 취소하거나 6개월의 범위에서 그 기간을 정하여 업무의 전부 또는 일부를 정지할 수 있다. 다만, 제1호 또는 제2호에 해당하는 경우에는 그 지정을 취소하여야 한다.
 1. 거짓이나 그 밖의 부정한 방법으로 지정을 받은 경우
 2. 업무정지 기간 중에 자격검정 또는 연수과정을 시행한 경우
 3. 제11조의2제2항에 따라 제출한 자격검정계획 및 연수계획을 임의로 변경하거나 자격검정 및 연수과정을 부실하게 운영하는 경우
 4. 제11조의2제3항에 따른 지정기준에 미달하게 되는 경우
 5. 제11조의3에 따른 평가 결과 지정기관으로서 적절하지 아니하다고 판단되는 경우
② 제1항에 따른 위반행위 별 처분 기준은 그 사유와 위반정도를 고려하여 문화체육관광부령으로 정한다.

제11조의5(체육지도자의 결격사유) 다음 각 호의 어느 하나에 해당하는 사람은 체육지도자가 될 수 없다. <개정 2017. 3. 21. 2019. 1. 15. 2020. 2. 4. 2020. 12. 8.>
1. 피성년후견인
2. 금고 이상의 형을 선고받고 그 집행이 종료되거나 집행이 면제된 날부터 2년이 지나지 아니한 사람
3. 금고 이상의 형의 집행유예를 선고받고 그 유예기간 중에 있는 사람
4. 다음 각 목의 어느 하나에 해당하는 죄를 저지른 사람으로서 금고 이상의 형 또는 치료감호를 선고받고 그 집행이 종료되거나 집행이 유예·면제된 날부터 20년이 지나지 아니하거나 벌금형이 확정된 날부터 10년이 지나지 아니한 사람
 가. 「성폭력범죄의 처벌 등에 관한 특례법」 제2조에 따른 성폭력범죄
 나. 「아동·청소년의 성보호에 관한 법률」 제2조제2호에 따른 아동·청소년대상 성범죄
5. 선수를 대상으로 「형법」 제2편제25장 상해와 폭행의 죄를 저지른 체육지도자(제12조제1

항에 따라 자격이 취소된 사람을 포함한다)로서 금고 이상의 형을 선고받고 그 집행이 종료되거나 집행이 유예·면제된 날부터 10년이 지나지 아니한 사람

6. 제12조제1항제1호부터 제4호까지에 따라 자격이 취소(이 조 제1호에 해당하여 자격이 취소된 경우는 제외한다)되거나 같은 조 제3항에 따라 자격검정이 중지 또는 무효로 된 후 3년이 경과되지 아니한 사람

제11조의6(체육지도자의 재교육)

① 체육단체 및 학교 등에서 체육 지도 업무에 종사하는 체육지도자는 윤리 및 인권의식 향상을 위하여 매 2년마다 제11조제3항에 따른 성폭력 등 폭력 예방교육 등의 내용이 포함된 재교육을 받아야 한다.

② 체육단체 및 학교 등을 운영하는 자는 해당 단체 및 학교 등에 종사하는 체육지도자에 대하여 제1항에 따른 재교육을 이유로 불리한 처우를 하여서는 아니 된다.

③ 문화체육관광부장관은 제1항에 따른 재교육을 문화체육관광부령으로 정하는 바에 따라 관계 기관 또는 단체에 위탁할 수 있다.

④ 제1항에 따른 재교육의 대상·기간·내용·방법·절차 및 제3항에 따른 위탁 등에 필요한 사항은 문화체육관광부령으로 정한다. [본조신설 2020. 12. 8.]

제12조(체육지도자의 자격취소 등)

① 문화체육관광부장관은 체육지도자가 다음 각 호의 어느 하나에 해당하면 제12조의2에 따른 체육지도자 자격운영위원회의 의결에 따라 그 자격을 취소하거나 5년의 범위에서 자격을 정지할 수 있다. 다만, 제1호부터 제4호까지의 어느 하나에 해당하면 그 자격을 취소하여야 한다. <개정 2020. 2. 4., 2020. 8. 18., 2020. 12. 8.>

1. 거짓이나 그 밖의 부정한 방법으로 체육지도자의 자격을 취득한 경우
2. 자격정지 기간 중에 업무를 수행한 경우
3. 체육지도자 자격증을 타인에게 대여한 경우
4. 제11조의5 각 호의 어느 하나에 해당하는 경우
5. 선수의 신체에 폭행을 가하거나 상해를 입히는 행위를 한 경우
6. 선수에게 성희롱 또는 성폭력에 해당하는 행위를 한 경우

7. 제11조의6제1항에 따른 재교육을 받지 아니한 경우
8. 그 밖에 직무수행 중 부정이나 비위 사실이 있는 경우

③ 자격검정을 받는 사람이 그 검정과정에서 부정행위를 한 때에는 현장에서 그 검정을 중지시키거나 무효로 한다.

④ 제1항에 따라 체육지도자 자격이 취소된 사람은 문화체육관광부령으로 정하는 바에 따라 체육지도자 자격증을 문화체육관광부장관에게 반납하여야 한다.

⑤ 제1항에 따른 행정처분의 세부적인 기준 및 절차는 그 사유와 위반 정도를 고려하여 문화체육관광부령으로 정한다. <개정 2020. 2. 4.>

제12조의2(체육지도자 자격운영위원회)

① 다음 각 호의 사항을 심의·의결하기 위하여 문화체육관광부에 체육지도자 자격운영위원회(이하 "운영위원회"라 한다)를 둔다.
 1. 제12조에 따른 체육지도자의 자격취소 및 자격정지에 관한 사항
 2. 제12조의3에 따른 명단 공개에 관한 사항
 3. 그 밖에 체육지도자의 자격 등과 관련하여 문화체육관광부장관이 회의에 부치는 사항

② 운영위원회는 위원장 1명을 포함한 9명의 위원으로 구성한다.

③ 운영위원회의 위원장은 문화체육관광부의 고위공무원단에 속하는 일반직공무원 중에서 문화체육관광부장관이 지명하는 사람으로 하고, 그 밖의 위원은 다음 각 호의 어느 하나에 해당하는 사람 중에서 문화체육관광부장관이 임명 또는 위촉하는 사람으로 한다.
 1. 문화체육관광부 소속 과장급 이상 공무원
 2. 「고등교육법」 제2조에 따른 대학(산업대학, 교육대학, 전문대학 및 원격대학을 포함한다)에서 체육 또는 법학을 가르치는 조교수 이상으로 재직하고 있거나 재직하였던 사람
 3. 변호사의 자격이 있는 사람
 4. 그 밖에 체육에 대한 학식과 경험이 풍부한 사람

④ 제1항부터 제3항까지에서 규정한 사항 외에 운영위원회의 구성·운영 등에 필요한 사항은 대통령령으로 정한다. [본조신설 2020. 12. 8.]

제12조의3(체육계 인권침해 및 스포츠비리 관련 명단 공개)
① 문화체육관광부장관은 체육지도자 및 체육단체의 책임이 있는 자가 체육계 인권침해 및 스포츠비리와 관련하여 유죄판결이 확정되는 경우에는 운영위원회의 심의·의결을 거쳐 그 인적사항 및 비위 사실 등을 공개할 수 있다.
② 제1항에 따른 공개의 구체적인 내용 및 절차 등에 관하여 필요한 사항은 대통령령으로 정한다. [본조신설 2020. 12. 8.]

제13조(체육시설의 설치 등)
① 국가와 지방자치단체는 국민의 체육 활동에 필요한 시설의 적정한 확보와 이용에 필요한 시책을 마련하여야 한다.
② 국가와 지방자치단체는 장애인 체육 활동에 필요한 시설의 설치와 운영에 필요한 시책을 마련하여야 하며, 장애인이 체육시설을 우선적으로 이용할 수 있도록 필요한 조치를 할 수 있다. <개정 2016. 12. 20.>
③ 직장의 장은 종업원의 체육 활동에 필요한 시설을 설치·운영하여야 하며, 학교의 체육시설은 학교 교육에 지장이 없는 범위에서 지역 주민에게 개방·이용되어야 한다. <개정 2012. 2. 17.>
④ 국가와 지방자치단체는 민간의 체육시설 설치를 권장하고 건전하게 운영되도록 하여야 한다.
⑤ 제1항부터 제4항까지의 규정에 따른 체육시설의 설치·이용 등에 필요한 사항은 따로 법률로 정한다.

제14조(선수 등의 육성)
① 국가와 지방자치단체는 선수와 체육지도자에 대하여 필요한 육성을 하여야 한다. <개정 2020. 2. 4.>
② 국가와 지방자치단체는 우수 선수와 체육지도자 육성을 위하여 필요한 표창제도를 마련하여야 한다.
③ 국가, 지방자치단체, 공공기관, 그 밖에 대통령령으로 정하는 단체는 대통령령으로 정하는

우수 선수에게 아마추어 경기 생활을 할 수 있게 하기 위하여 문화체육관광부장관이 요청하면 우수 선수와 체육지도자를 고용하여야 한다.

④ 국가는 올림픽대회, 장애인 올림픽대회, 그 밖에 대통령령으로 정하는 대회에서 입상한 선수 또는 그 선수를 지도한 자와 체육 진흥에 뚜렷한 공이 있는 원로 체육인에게 대통령령으로 정하는 바에 따라 장려금이나 생활 보조금을 지급하여야 한다.

제14조의2(대한민국체육유공자의 보상)

제14조의3(선수 등의 금지행위)
① 전문체육에 해당하는 운동경기의 선수·감독·코치·심판 및 경기단체의 임직원은 운동경기에 관하여 부정한 청탁을 받고 재물이나 재산상의 이익을 받거나 요구 또는 약속하여서는 아니 된다.
② 전문체육에 해당하는 운동경기의 선수·감독·코치·심판 및 경기단체의 임직원은 운동경기에 관하여 부정한 청탁을 받고 제3자에게 재물이나 재산상의 이익을 제공하거나 제공할 것을 요구 또는 약속하여서는 아니 된다.

제15조(도핑 방지 활동)
① 국가는 스포츠 활동에서 약물 등으로부터 선수를 보호하고 공정한 경쟁을 통한 스포츠 정신을 높이기 위하여 도핑 방지를 위한 시책을 수립하여야 한다.
② 국가는 도핑을 예방하기 위하여 선수와 체육지도자를 대상으로 교육과 홍보를 실시하여야 하고, 체육단체 및 경기단체의 도핑 방지 활동을 지도·감독하여야 한다.

제16조(여가 체육의 육성)
① 국가와 지방자치단체는 국민이 여가를 선용할 수 있도록 하기 위하여 여가 체육 활동의 육성·지원에 필요한 시책을 마련하여야 한다.
② 국가와 지방자치단체는 레크리에이션 보급과 프로 경기의 건전한 육성을 위하여 노력하여야 하며, 경마와 경륜·경정 등 국민 여가 체육 활동이 건전하게 시행되도록 지도하여야 한다.

제16조의2(생활체육 활동 및 체력 인증)

제17조(체육 용구의 생산 장려 등)

제18조(지방자치단체와 학교 등에 대한 보조)

① 국가는 회계연도마다 예산의 범위에서 지방자치단체와 학교 등에 대하여 체육 진흥에 필요한 경비의 일부를 보조한다.

② 국가와 지방자치단체는 대한체육회, 지방체육회, 대한장애인체육회, 지방장애인체육회, 한국도핑방지위원회, 서울올림픽기념국민체육진흥공단, 스포츠윤리센터, 그 밖의 체육단체와 체육 과학 연구기관에 대하여 필요한 경비나 연구비의 일부를 보조한다. <개정 2020. 2. 4., 2020. 12. 8.>

③ 지방자치단체는 대한체육회, 지방체육회, 대한장애인체육회 및 지방장애인체육회에 예산의 범위에서 운영비를 보조할 수 있다. 이 경우 지원에 필요한 사항은 조례로 정한다. <개정 2020. 12. 8.>

제2장의2 선수 등 체육인 보호를 위한 조치 <신설 2020. 2. 4.>

제18조의2(선수 등 체육인 보호 시책의 마련 등)

① 국가와 지방자치단체는 체육계 인권침해 및 스포츠비리로부터 선수 등 체육인을 보호하기 위한 시책을 마련하여야 한다. <개정 2020. 8. 18.>

② 문화체육관광부장관은 성폭력 등 체육계의 폭력을 방지하기 위하여 현장 점검 및 지도·감독을 강화하여야 한다. 이 경우 점검방법 등 구체적인 사항은 문화체육관광부장관이 정한다. <신설 2020. 8. 18.>

③ 문화체육관광부장관은 대한체육회, 지방체육회, 대한장애인체육회, 지방장애인체육회, 경기단체 및 운동경기부에 소속된 선수, 체육지도자, 심판 및 임직원의 인적사항, 소속 이력, 수상 정보, 경기실적 및 제18조의13에 따른 징계정보시스템에 등록된 징계 이력 등에 관한 세부 인적 정보를 효율적으로 관리하기 위하여 통합정보시스템을 구축·운영하여야 한다. 이 경우 문화체육관광부장관은 통합정보시스템의 구축·운영을 관계 기관이나 단체에 위탁할 수 있다. <신설 2020. 12. 8.>

제18조의3(스포츠윤리센터의 설립) ① 체육의 공정성 확보와 체육인의 인권보호를 위하여 스포츠윤리센터를 설립한다.

② 스포츠윤리센터는 법인으로 한다.

③ 스포츠윤리센터는 다음 각 호의 사업을 한다. <개정 2020. 8. 18.>
  1. 다음 각 목에 해당하는 체육계 인권침해 및 스포츠비리 등에 대한 신고 접수와 조사
     가. 선수에 대한 체육지도자 등의 성폭력 등 폭력에 관한 사항
     나. 승부조작 또는 편파판정 등 불공정에 관한 사항
     다. 체육 관련 입시비리에 관한 사항
     라. 체육단체·경기단체 및 그 임직원의 횡령·배임 및 뇌물수수 및 「보조금 관리에 관한 법률」 제22조에 따른 보조금 및 「지방재정법」 제32조의4에 따른 지방보조금의 용도 외 사용 금지 위반에 관한 사항
     마. 그 밖에 체육계 인권침해 및 스포츠비리에 해당된다고 인정되는 사항
  2. 신고자 및 피해자에 대한 치료 및 상담, 법률 지원, 임시보호 및 연계
  3. 긴급보호가 필요한 신고자 및 피해자를 위한 임시보호시설 운영
  4. 체육계 현장의 인권침해 조사·조치 상황 등을 상시 점검할 수 있는 인권감시관 운영
  5. 스포츠비리 및 체육계 인권침해에 대한 실태조사
  6. 스포츠비리 및 체육계 인권침해 방지를 위한 예방교육
  7. 그 밖에 체육의 공정성 확보 및 체육인의 인권보호를 위하여 필요한 사업

④ 스포츠윤리센터의 운영, 이사회의 구성 및 권한, 임원의 선임, 감독 등 스포츠윤리센터의 정관에 기재할 사항은 대통령령으로 정한다. <개정 2020. 8. 18.>

⑤ 스포츠윤리센터의 장은 업무 수행에 필요하다고 인정될 때에는 문화체육관광부장관의 승인을 받아 관계 행정기관 소속 공무원이나 관계 기관·단체 소속 임직원의 스포츠윤리센터 파견 또는 지원을 요청할 수 있다. <신설 2020. 8. 18.>

⑥ 스포츠윤리센터가 아닌 자는 스포츠윤리센터 또는 이와 비슷한 명칭을 사용하지 못한다. <개정 2020. 8. 18.>

⑦ 스포츠윤리센터는 문화체육관광부장관이 감독한다. 이 경우 문화체육관광부장관은 스포츠윤리센터가 제3항 각 호의 사업을 독립적으로 수행할 수 있도록 필요한 시책을 강구하고

보장하여야 한다. <개정 2020. 8. 18.>

⑧ 스포츠윤리센터에 관하여 이 법에서 정한 것을 제외하고는 「민법」 중 재단법인에 관한 규정을 준용한다. <개정 2020. 8. 18.>

제18조의4(체육계 인권침해 및 스포츠비리의 신고)
① 누구든지 체육계 인권침해 및 스포츠비리에 해당하는 사항이 발생하였음을 알게 된 경우에는 스포츠윤리센터 또는 수사기관에 신고할 수 있다.
② 체육지도자, 선수, 제18조의14에 따른 선수관리 담당자 및 시장·군수·구청장 등 문화체육관광부령으로 정하는 사람은 체육계 인권침해 및 스포츠비리를 알게 된 경우나 그 의심이 있을 경우 스포츠윤리센터 또는 수사기관에 즉시 신고하여야 한다. <개정 2020. 12. 8.>
③ 누구든지 제2항에 따른 신고자의 인적사항 또는 신고자임을 미루어 알 수 있는 사실을 다른 사람에게 알려주거나 공개 또는 보도하여서는 아니 된다. [본조신설 2020. 8. 18.]

제18조의5(인권침해 등의 조사)
① 스포츠윤리센터는 다음 각 호에서 정한 방법으로 신고 접수된 사건에 관하여 조사할 수 있다.
  1. 신고자·피해자·피신고자(이하 "당사자"라 한다) 또는 관계자에 대한 출석 요구 또는 진술 청취
  2. 당사자, 관계자 또는 관계 기관 등에 조사와 관련이 있다고 인정되는 자료 등의 제출 요구
  3. 조사와 관련이 있다고 인정되는 장소, 시설 또는 자료 등에 대한 현장조사 또는 감정
② 제1항에 따라 조사를 받는 당사자, 관계자 또는 관계 기관 등은 특별한 사유가 없으면 조사에 성실히 임하여야 한다.
③ 제1항제3호에 따라 조사에 임하는 사람은 그 권한을 표시하는 증표를 지니고 이를 그 장소 또는 시설을 관리하는 장 또는 직원에게 내보여야 한다.
④ 스포츠윤리센터는 체육계 인권침해 및 스포츠비리에 해당하는 위법 또는 부당한 사항이 발생하였다고 인정할 때에는 직권으로 조사할 수 있다. 이 경우 조사의 방법, 절차 등 필요한

사항에 대해서는 제1항부터 제3항까지의 규정을 준용한다.
⑤ 스포츠윤리센터는 제18조의3제3항제1호가목에 해당하는 신고를 받으면 곧바로 신고자 및 피해자 보호를 위하여 긴급보호 등 필요한 조치를 하고 조사하여야 한다.
⑥ 스포츠윤리센터는 제1항 및 제4항에 따른 조사를 효율적으로 실시하기 위하여 필요하면 수사기관에 협조를 요청할 수 있다.
⑦ 조사의 기간, 절차 등에 관하여 필요한 사항은 문화체육관광부령으로 정한다.
[본조신설 2020. 8. 18.]

제18조의6(불이익조치 등의 금지)
① 누구든지 신고자와 피해자 및 신고와 관련된 조사 등에서 진술·증언하거나 자료를 제공한 사람(이하 "신고자등" 이라 한다)에 대하여 「공익신고자 보호법」 제2조제6호 각 목의 어느 하나에 해당하는 불이익조치를 하면 아니 된다.
② 누구든지 신고와 신고에 대한 조사 등에서 진술·증언하거나 자료를 제공하는 것(이하 "신고등"이라 한다)을 방해하거나 신고등을 취소하도록 강요하면 아니 된다.
[본조신설 2020. 8. 18.]

제18조의7(신고자등의 보호) 스포츠윤리센터의 장은 조사가 개시되는 경우 인권침해가 계속되고 있다는 상당한 개연성이 있고, 이를 방치할 경우 회복하기 어려운 피해가 발생할 우려가 있다고 인정하면 신고자 또는 피해자의 신청에 의하여 또는 직권으로 피신고자, 그 소속 기관 등의 장에게 다음 각 호의 어느 하나의 조치를 하도록 권고할 수 있다.
1. 신고자등과 피신고자의 물리적 공간을 분리
2. 피신고자의 직위를 해제하거나 직무를 정지하는 등의 조치
3. 피신고자가 신고자등의 의사에 반하여 신고자등에게 접촉하는 것을 금지하는 조치
[본조신설 2020. 8. 18.]

제18조의8(위반행위 등에 대한 조치) 스포츠윤리센터의 장은 선수, 체육지도자, 체육단체의 임직원 등이 다음 각 호의 어느 하나에 해당하는 경우 문화체육관광부장관에게 해당 선수, 체

육지도자, 체육단체의 임직원 등 관련자들의 소속 기관·단체의 장으로 하여금 시정 또는 책임자의 징계 등을 하도록 요청할 수 있다. 이 경우 문화체육관광부장관은 시정 또는 징계가 필요하다고 인정되면 해당 소속 기관·단체에 필요한 조치를 요구할 수 있고, 요구를 받은 기관·단체는 정당한 사유가 없으면 이에 따라야 한다.

1. 제18조의6제1항을 위반하여 신고자등에게 신고등을 이유로 불이익조치를 한 경우
2. 제18조의6제2항을 위반하여 신고등을 하지 못하도록 방해하거나 신고등을 취소하도록 강요하는 경우
3. 정당한 사유 없이 스포츠윤리센터가 요구하는 보고서 또는 자료를 거짓으로 작성하거나 제출하지 아니한 경우
4. 정당한 사유 없이 스포츠윤리센터의 조사 업무의 수행을 거부·방해하거나 기피한 경우
5. 제18조의4제3항을 위반하여 같은 조 제2항에 따른 신고자의 인적사항 또는 신고자임을 미루어 알 수 있는 사실을 다른 사람에게 알려주거나 공개 또는 보도한 경우

[본조신설 2020. 8. 18.]

제18조의9(고발 및 징계요구)

① 스포츠윤리센터는 신고·상담 및 조사내용과 관련하여 범죄혐의가 있다고 인정할 만한 상당한 이유가 있을 때에는 관할 수사기관에 고발할 수 있다. <개정 2020. 8. 18.>

② 문화체육관광부장관은 스포츠비리 및 체육계 인권침해에 대하여 체육단체에 책임이 있는 자를 징계할 것을 요구할 수 있다. 이 경우 요구를 받은 체육단체는 정당한 사유가 없으면 이에 따라야 하고, 그 결과를 문화체육관광부장관에게 보고하여야 한다. <개정 2020. 8. 18.>

③ 스포츠윤리센터는 조사내용과 관련하여 필요한 경우 문화체육관광부장관에게 제2항에 따른 징계요구, 제12조제1항에 따른 체육지도자 자격취소 등을 하도록 요청할 수 있다.

[본조신설 2020. 2. 4.]

제18조의10(신고·상담 및 임시보호 시설의 설치 등)

① 지방자치단체는 폭행, 협박 또는 부당한 행위 강요 등으로부터 선수와 체육지도자를 보호

하기 위하여 신고·상담 및 임시보호 시설을 설치하거나 그 사업을 대통령령으로 정하는 기관 또는 단체에 위탁할 수 있다.
<개정 2020. 8. 18.>
② 제1항에 따른 신고·상담 및 임시보호 시설의 설치·운영 등에 필요한 사항은 대통령령으로 정한다. <개정 2020. 8. 18.>
③ 스포츠윤리센터 및 제1항에 따른 시설에서 신고·상담 업무에 종사하거나 종사하였던 사람은 직무상 알게 된 비밀을 누설하거나 자료를 제공해서는 아니 된다. <개정 2020. 8. 18.>
[본조신설 2020. 2. 4.]

제18조의11(성폭력 등 폭력 예방교육의 실시)
① 문화체육관광부장관은 체육계의 성폭력 등 폭력 방지를 위하여 예방교육을 실시하여야 한다.
② 제1항에 따른 성폭력 등 폭력 예방교육의 내용 및 방법, 대상, 기간 등 필요한 사항은 문화체육관광부령으로 정한다. [본조신설 2020. 2. 4.]

제18조의12(장려금의 환수)
① 문화체육관광부장관은 제14조제4항에 따라 장려금을 지급받은 사람이 제11조의5제4호(선수를 대상으로 죄를 저지른 사람으로 한정한다) 또는 제5호에 해당하는 경우에는 지급한 장려금의 전부 또는 일부를 환수하거나 그 지급을 중지할 수 있다.
② 제1항에 따른 장려금의 환수 및 지급중지의 범위, 절차 등 필요한 사항은 대통령령으로 정한다.
③ 문화체육관광부장관은 제1항에 따라 장려금을 반환할 사람이 해당 금액을 반환하지 아니한 때에는 국세 체납처분의 예에 따라 징수한다. [본조신설 2020. 2. 4.]

제18조의13(징계정보시스템의 구축·운영 등)
① 문화체육관광부장관은 대한체육회, 지방체육회, 대한장애인체육회, 지방장애인체육회, 경

기단체 및 운동경기부(이하 이 조에서 "체육회등"이라 한다)에 소속된 선수, 체육지도자, 심판 및 임직원의 징계에 관한 정보를 효율적으로 관리하기 위하여 징계정보시스템을 구축·운영하여야 한다. <개정 2020. 12. 8.>

② 문화체육관광부장관은 징계정보시스템을 구축·운영하기 위하여 필요한 자료를 체육단체 등에 요청할 수 있다. 이 경우 요청을 받은 단체 등은 특별한 사유(개인정보 보호에 관한 사유는 제외한다)가 없으면 요청에 따라야 한다. <개정 2020. 8. 18.>

③ 체육회등의 장(운동경기부의 경우 소속된 기관 및 단체의 장을 말한다. 이하 제4항에서 같다)은 소속된 선수, 체육지도자, 심판 및 임직원을 징계하는 경우 제1항에 따른 징계정보시스템에 관련 정보를 게재하여야 한다. <신설 2020. 12. 8.>

④ 체육회등의 장은 체육지도자와 채용 계약(재계약을 포함한다)을 체결할 때에는 체육지도자에게 제1항에 따른 징계정보시스템을 통한 징계 관련 증명서를 제출받아 징계 이력을 확인하여야 한다. <신설 2020. 12. 8.>

⑤ 제1항에 따른 징계정보시스템의 구축·운영, 제2항에 따른 자료의 요청, 제3항에 따른 정보 게재 및 제4항에 따른 징계 관련 증명서 확인 등에 필요한 사항은 문화체육관광부령으로 정한다. <개정 2020. 12. 8.> [본조신설 2020. 2. 4.]

제18조의14(선수관리 담당자의 등록의무)

① 체육지도자 외에 선수들의 체력 및 건강을 위하여 선수를 관리하는 자(이하 "선수관리 담당자"라 한다)를 별도로 둘 경우 이를 대한체육회의 회원인 단체로서 해당 종목을 대표하는 단체 또는 지방체육회에 등록하여야 한다.
<개정 2020. 12. 8.>

② 선수관리 담당자의 자격요건, 범위 및 등록 등에 필요한 사항은 문화체육관광부령으로 정한다. [본조신설 2020. 8. 18.]

제18조의15(영상정보처리기기의 설치·관리)

① 국가와 지방자치단체 및 체육단체 등은 대통령령으로 정하는 바에 따라 선수 등 체육인에 대한 폭력, 성폭력 등 인권침해의 우려가 있는 주요 지점에 「개인정보 보호법」 제2조제7호에 따른 영상정보처리기기를 설치·관리할 수 있다.

② 제1항에 따라 영상정보처리기기를 설치·관리하는 자는 정보주체의 인권이 침해되지 아니하도록 하여야 한다.
③ 이 법에서 정한 것 외에 영상정보처리기기의 설치·관리 등에 관한 사항은 「개인정보 보호법」에 따른다. [본조신설 2020. 8. 18.]

제18조의16(체육계 인권침해 및 스포츠비리 실태조사)
① 문화체육관광부장관은 매년 체육계 인권침해 및 스포츠비리에 대한 실태조사를 실시하여 그 결과를 발표하고, 이를 체육계 인권침해 및 스포츠비리를 예방하기 위한 정책수립의 기초자료로 활용하여야 한다.
② 제1항에 따른 체육계 인권침해 및 스포츠비리 실태조사의 방법과 내용 등에 관하여 필요한 사항은 문화체육관광부령으로 정한다. [본조신설 2020. 8. 18.]

제18조의17(통합신고관리시스템의 구축·운영 등)
① 문화체육관광부장관은 이 법에 따른 체육계 인권침해 및 스포츠비리 등과 관련된 신고의 접수·처리·조치 등 상황을 효율적으로 관리하기 위하여 통합신고관리시스템을 구축·운영하여야 한다.
② 문화체육관광부장관은 통합신고관리시스템을 구축·운영하기 위하여 필요한 자료를 체육단체 등에 요청할 수 있다. 이 경우 요청을 받은 체육단체 등은 특별한 사유가 없으면 요청에 따라야 한다.
③ 그 밖에 통합신고시스템의 구축·운영 등에 필요한 사항은 문화체육관광부령으로 정한다.
[본조신설 2020. 12. 8.]

제3장 국민체육진흥기금

제19조(기금의 설치 등) ① 다음 각 호에 필요한 경비를 지원하기 위하여 국민체육진흥기금(이하 "기금"이라 한다)을 설치한다.

1. 체육 진흥에 필요한 시설 비용
2. 체육인의 복지 향상
3. 체육단체 육성
4. 학교 체육 및 직장 체육 육성
5. 체육·문화예술 전문인력 양성
6. 취약분야 육성
7. 스포츠산업 진흥
8. 사행산업 또는 불법사행산업으로 인한 중독 및 도박 문제의 예방·치유
9. 그 밖에 국민체육 진흥 등을 위하여 대통령령으로 정하는 사항
…

제21조(올림픽 휘장 사업)

제22조(기금의 사용 등)

제22조의2(자료제공의 요청 및 전산망의 이용) ① 계정관리기관은 제22조제1항제11호에 따른 지원대상 자격 및 자격유지의 적정성을 확인하기 위하여 필요한 경우 가족관계증명·국세·지방세·토지·건물·건강보험 및 국민연금에 관한 자료 등 대통령령으로 정하는 자료를 관계 기관의 장에게 요청할 수 있고, 해당 기관의 장은 특별한 사유가 없으면 요청에 따라야 한다. 다만, 「전자정부법」 제36조제1항에 따른 행정정보 공동이용을 통하여 확인할 수 있는 사항은 예외로 한다. <개정 2017. 12. 19., 2021. 8. 10.>

    제4장 체육진흥투표권의 발행

    제5장 체육단체의 육성

제33조(대한체육회) ① 체육 진흥에 관한 다음 각 호의 사업과 활동을 하게 하기 위하여 문화체육관광부장관의 인가를 받아 대한체육회(이하 "체육회"라 한다)를 설립한다. <개정 2008. 2. 29., 2009. 3. 18., 2014. 1. 28., 2015. 3. 27., 2020. 12. 8.>

1. 체육회에 가맹된 경기단체와 생활체육종목단체 등의 사업과 활동에 대한 지도와 지원

2. 체육대회의 개최와 국제 교류

3. 선수 양성과 경기력 향상 등 전문체육 진흥을 위한 사업

4. 체육인의 복지 향상

5. 국가대표 은퇴선수 지원사업

5의2. 생활체육 프로그램 개발 및 보급

5의3. 스포츠클럽 및 체육동호인조직의 활동 지원

5의4. 생활체육 진흥에 관한 조사 및 연구

5의5. 전문체육과 생활체육과의 연계 사업

6. 그 밖에 체육 진흥을 위하여 필요한 사업

제33조의2(지방체육회) ① 지역사회의 체육 진흥에 관한 다음 각 호의 사업과 활동을 하게 하기 위하여 관할 지방자치단체의 장의 인가를 받아 지방체육회를 설립한다.

1. 지방체육회에 가맹된 체육단체와 생활체육종목단체 등의 사업과 활동에 대한 지도와 지원

2. 지역 체육대회의 개최와 국내외 교류

3. 체육회가 개최하는 체육대회의 참가

4. 선수 양성과 경기력 향상 등 지역 전문체육 진흥을 위한 사업

5. 지역 체육인의 복지 향상

6. 지역 생활체육 프로그램의 개발 및 보급

7. 지역 스포츠클럽 및 체육동호인조직의 활동 지원

8. 지역생활체육 진흥에 관한 조사 및 연구

9. 지역의 학교체육, 전문체육 및 생활체육의 진흥 및 연계사업

10. 지역 체육시설의 관리 및 운영

11. 지역 체육역사 발굴, 확산 등 체육문화사업

12. 그 밖에 지역 체육 진흥을 위하여 필요한 사업

[본조신설 2020. 12. 8.]

제34조(대한장애인체육회) ① 장애인 체육 진흥에 관한 다음 각 호의 사업과 활동을 하게 하

기 위하여 문화체육관광부장관의 인가를 받아 대한장애인체육회(이하 "장애인체육회"라 한다)를 설립한다.
1. 장애인 경기단체의 사업과 활동에 대한 지도와 지원
2. 장애인 체육경기대회 개최와 국제 교류
3. 장애인 선수 양성과 경기력 향상 등 장애인 전문체육 진흥을 위한 사업
4. 장애인 생활체육의 육성과 보급
5. 장애인 선수, 장애인 체육지도자와 장애인 체육계 유공자의 복지 향상
6. 그 밖에 장애인 체육 진흥을 위하여 필요한 사업

제35조(한국도핑방지위원회의 설립)
제36조(서울올림픽기념국민체육진흥공단)
제37조(임원) 진흥공단에는 이사장 1명을 포함한 15명 이내의 이사와 감사 1명을 둔다.
제39조(회계 감독 등)
제40조(자금 차입 등)
제41조(조세 감면 등)
제42조(유사 명칭의 사용 금지) 체육회, 지방체육회, 장애인체육회, 지방장애인체육회, 도핑방지위원회나 진흥공단이 아닌 자는 대한체육회, 지방체육회, 대한장애인체육회, 지방장애인체육회, 한국도핑방지위원회나 서울올림픽기념국민체육진흥공단 또는 이와 비슷한 명칭을 사용하지 못한다. <개정 2015. 3. 27., 2020. 12. 8.>
제43조(감독) ① 체육회, 장애인체육회, 도핑방지위원회 및 진흥공단은 문화체육관광부장관이 감독한다. <개정 2008. 2. 29., 2020. 12. 8.>
② 지방체육회는 설립을 인가한 지방자치단체의 장이 감독한다. <신설 2020. 12. 8.>

제43조의2(체육단체의 장의 겸직 금지) 제2조제9호가목부터 바목까지에 해당하는 체육단체(대한장애인체육회 및 지방장애인체육회는 제외한다)의 장은 지방자치단체의 장 또는 지방의회 의원의 직을 겸할 수 없다. <개정 2020. 12. 8.>

제6장 보칙

제44조(보고·검사 등) ① 문화체육관광부장관이나 지방자치단체의 장은 이 법의 시행을 위하여 필요하면 이 법의 적용을 받는 체육회, 지방체육회, 장애인체육회, 진흥공단, 수탁사업자, 그 밖에 체육단체나 직장에 대하여 그 업무에 관한 보고를 명하거나 소속 공무원에게 그 사업소·사업장 등에 출입하여 장부·서류, 그 밖의 물건을 검사하게 할 수 있다. <개정 2008. 2. 29., 2020. 12. 8.>

제45조의2(포상금 지급)
제45조의3(관계 기관 등의 협조) ① 문화체육관광부장관은 제11조제2항에 따른 자격증의 발급, 제12조제1항에 따른 자격의 취소·정지 및 제18조의12에 따른 장려금의 환수·지급중지 등을 위하여 경찰청장에게 「형의 실효 등에 관한 법률」 제6조에 따른 범죄경력조회를 요청할 수 있다. <개정 2020. 8. 18.>
② 문화체육관광부장관은 제1항에 따른 업무를 수행하기 위하여 체육단체 등 관계 기관의 장에게 필요한 자료의 제공을 요청할 수 있다.
③ 제1항 또는 제2항의 요청을 받은 관계 기관의 장 등은 정당한 사유 없이 이를 거부해서는 아니 된다. [본조신설 2020. 2. 4.]

제45조의3(관계 기관 등의 협조) ① 문화체육관광부장관은 제11조제2항에 따른 자격증의 발급 및 제12조제1항에 따른 자격의 취소·정지 등을 위하여 경찰청장에게 「형의 실효 등에 관한 법률」 제6조에 따른 범죄경력조회를 요청할 수 있다. <개정 2020. 8. 18., 2021. 8. 10.>
② 문화체육관광부장관은 제1항에 따른 업무를 수행하기 위하여 체육단체 등 관계 기관의 장에게 필요한 자료의 제공을 요청할 수 있다.
③ 제1항 또는 제2항의 요청을 받은 관계 기관의 장 등은 정당한 사유 없이 이를 거부해서는 아니 된다. [본조신설 2020. 2. 4.]

제46조(권한의 위임·위탁) 문화체육관광부장관은 대통령령으로 정하는 바에 따라 이 법

에 따른 권한의 일부를 특별시장·광역시장·도지사·특별자치도지사나 특별시·광역시·도·특별자치도의 교육감에게 위임하거나 관계 행정기관이나 단체에 위탁할 수 있다.

제46조의2(규제의 재검토)
제46조의3(벌칙 적용에서 공무원 의제) 다음 각 호의 어느 하나에 해당하는 사람은 「형법」 제127조 및 제129조부터 제132조까지의 규정을 적용할 때에는 공무원으로 본다.
1. 스포츠윤리센터의 임직원 중 공무원이 아닌 사람
2. 제18조의10제1항에 따라 위탁받은 업무에 종사하는 사람 중 공무원이 아닌 사람
3. 제46조에 따라 위탁받은 업무에 종사하는 사람 중 공무원이 아닌 사람
[본조신설 2020. 8. 18.]

제47조(벌칙)
제48조(벌칙)
제49조(벌칙)
제49조의2(벌칙) 제18조의10제3항을 위반하여 직무상 알게 된 비밀을 다른 사람에게 누설하거나 자료를 제공한 자는 1년 이하의 징역이나 1천만원 이하의 벌금에 처한다. <개정 2020. 2. 4., 2020. 8. 18.>
제51조(몰수·추징)
제53조(징역과 벌금의 병과)
제54조(양벌규정)
제55조(과태료) ① 제18조의13제2항을 위반하여 필요한 자료를 제출하지 아니하거나 같은 조 제3항을 위반하여 징계 관련 정보를 게재하지 아니하거나 거짓으로 게재한 체육단체 등에는 1천만원 이하의 과태료를 부과한다. <신설 2020. 8. 18., 2020. 12. 8.>
② 정당한 사유 없이 제23조제4항을 위반하여 부가금 납부 관련 서류를 계정관리기관에 제출하지 아니하거나 거짓으로 제출한 자에게는 500만원 이하의 과태료를 부과한다. <개정 2017. 12. 19., 2020. 8. 18.>
③ 제10조제3항, 제21조제1항, 제29조제1항, 제31조제1항 또는 제2항을 위반한 자에게는

200만원 이하의 과태료를 부과한다. <개정 2020. 8. 18.>

④ 다음 각 호의 어느 하나에 해당하는 자에게는 100만원 이하의 과태료를 부과한다. <개정 2020. 8. 18., 2020. 12. 8.>

1. 제11조의6제2항을 위반하여 체육지도자에게 불리한 처우를 한 자
2. 제42조를 위반한 자
3. 제44조제1항에 따른 보고를 하지 아니하거나 거짓으로 보고한 자
4. 제44조제1항에 따른 검사를 거부·방해 또는 기피한 자

⑤ 제1항부터 제4항까지의 규정에 따른 과태료는 대통령령으로 정하는 바에 따라 문화체육관광부장관이나 지방자치단체의 장이 부과·징수한다. <개정 2008. 2. 29., 2020. 8. 18.>

※법(령)은 개정, 신설, 폐지 등의 변동이 있으므로, **국가법령정보센터(http:www.law.go.kr)** 클릭으로 보완하는 지혜를 챙겨 보시기 바랍니다.